中国现代文学馆藏
珍贵文物图录

Album of Cultural Relics in National Museum of Modern Chinese Literature

中国现代文学馆 编

国家图书馆出版社

图书在版编目（CIP）数据

中国现代文学馆藏珍贵文物图录 / 中国现代文学馆编 . -- 北京：国家图书馆出版社，2025. 3. -- ISBN 978-7-5013-8517-1

Ⅰ. G262-64

中国国家版本馆CIP数据核字第2025BL5463号

书　　名　中国现代文学馆藏珍贵文物图录
著　　者　中国现代文学馆　编
责任编辑　景　晶　王燕来
助理编辑　雷云雯
装帧设计　文化·邱特聪

出版发行　国家图书馆出版社（北京市西城区文津街 7 号　100034）
（原书目文献出版社　北京图书馆出版社）
010-66114536　63802249　nlcpress@nlc.cn（邮购）
网　　址　http://www.nlcpress.com →投稿中心
印　　装　天津裕同印刷有限公司
版次印次　2025 年 3 月第 1 版　2025 年 3 月第 1 次印刷

开　　本　889 × 1194　1 / 16
印　　张　13
书　　号　ISBN 978-7-5013-8517-1
定　　价　320.00 元

《中国现代文学馆藏珍贵文物图录》
编委会

主　编

王　军

副主编

计　蕾　张明远　李宏伟

执行主编

陈　艳

编　辑

张　梦　邱俊平

图片资料

刘　刚　辛昭瑞　田春英

李立云　秦雨轩　王　磊

前言

1985年1月5日，在中国作家协会第四次代表大会上，中国现代文学馆宣告成立。它是中国作家协会主管的公益一类事业单位，是国内最早、世界上最大的文学类博物馆，是中国作协和文学界的宝库和窗口。

四秩春秋，文脉绵延；薪火相传，新章再启。中国现代文学馆自创立以来，始终肩负守护文学火种、传承文化根脉的使命，历经岁月淬炼，已经成长为一座融图书馆、档案馆、展览馆、博物馆、研究机构与作家故居于一体的世界级文学圣地。2024年5月荣膺“国家一级博物馆”称号。

四十年间，文学馆以46亩方寸之地，筑起3万平方米的精神殿堂。98.04万件藏品如星河璀璨：文学大家的墨迹犹存温度，手稿静诉衷肠，信札流淌情谊，143件国家一级文物与145座作家文库，构筑起中国现当代文学史的立体图景。这里的一纸一砚，皆是文人风骨的见证；一书一画，俱为时代脉搏的刻录。茅盾故居的青砖黛瓦间，回荡着创作的热望；作家书房的光影流转中，跃动着经典的重生。从手稿的修复保护到文物的数字活化，从学术期刊的深耕到文学现场的活跃，文学馆始终以改革创新之姿，践行“让文物活起来”的时代命题。

为献礼四十周年，我们倾心编纂《中国现代文学馆藏珍贵文物图录》，撷取馆藏89种100件国家一、二级文物菁华。这些承载着文学巨匠生命温度的手泽——或为字字推敲的创作手稿，或为大师往来的书画赠答，或为版本珍稀的初版典籍，抑或记录历史细节的作家遗物，不仅是马克思主义与中华优秀传统文化相结合的生动注脚，更为文学研究、党史钩沉、社会思潮探源提供了珍贵实证。同期推出的《歌以咏志 星汉灿烂：新时代文学成就展》《阿英日记手稿》《书海一勺：民国书衣300品》等系列出版物，以及《推开文学之门》《欲书花叶》等文创雅品，皆以当代语汇激活文化记忆，让文学遗产走出库房，融入生活。

从“藏之名山”到“传之世间”，文学馆的万千珍藏，凝聚着数代作家、学者及其家属化私为公的文化胸襟。每一件无偿捐赠的文物背后，都是一段文坛佳话：或是创作困顿时的孤灯执守，或是风雨如晦中的肝胆相照，这些深藏于纸页间的精神密码，终将在学术研究与公众教育的双轨传承中，化作滋养民族心灵的文化基因。作为全国文学馆联盟发起和秘书长单位、中国博物馆协会文学博物馆专业委员会主任委员单位，我们深知，守护这些文明星火，既是对历史的致敬，更是对未来的承诺。

当前，我们正在深入学习贯彻习近平文化思想，以坚定的文化自信铸就社会主义文化新辉煌。这部图录的出版，不仅为学术研究树立价值坐标，更将助力文学精神在当代社会生根发芽。我们期待，当读者凝视手稿上的修改痕迹，触摸书信中的家国情怀，品味书画合璧的妙趣时，能真切感知中华文脉的蓬勃律动。让文物说话，让历史鲜活，让文学的温度穿越时空——这正是中国现代文学馆坚守四十载的初心，亦是我们建设文化强国战略目标的宣言。

谨以此书，献给所有为中国文学事业呕心沥血的先贤，致敬每一位在文化传承发展之路上笃行不怠的同道。愿这座永不落幕的文学圣殿，永远闪耀着属于一个民族的精神之光。

王　军

2025年1月5日

目　录

第一部分

馆藏一级手稿

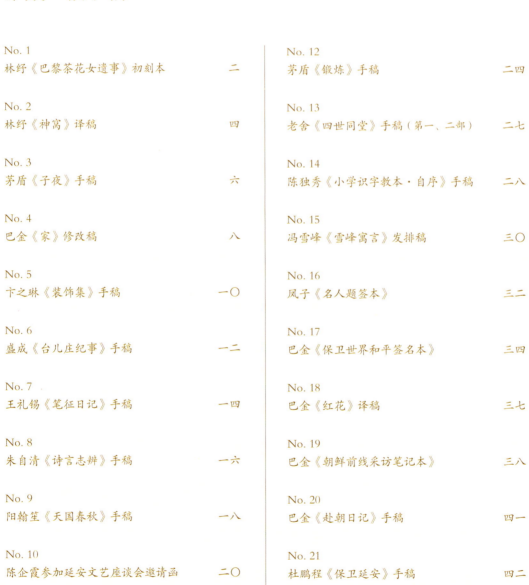

No. 1
林纾《巴黎茶花女遗事》初刻本　二

No. 2
林纾《神窝》译稿　四

No. 3
茅盾《子夜》手稿　六

No. 4
巴金《家》修改稿　八

No. 5
卞之琳《装饰集》手稿　一〇

No. 6
盛成《台儿庄纪事》手稿　一二

No. 7
王礼锡《笔征日记》手稿　一四

No. 8
朱自清《诗言志辨》手稿　一六

No. 9
阳翰笙《天国春秋》手稿　一八

No. 10
陈企霞参加延安文艺座谈会邀请函　二〇

No. 11
闻一多《九歌（古曲翻新）》手稿　二二

No. 12
茅盾《锻炼》手稿　二四

No. 13
老舍《四世同堂》手稿（第一、二部）　二七

No. 14
陈独秀《小学识字教本·自序》手稿　二八

No. 15
冯雪峰《雪峰寓言》发排稿　三〇

No. 16
凤子《名人题签本》　三二

No. 17
巴金《保卫世界和平签名本》　三四

No. 18
巴金《红花》译稿　三七

No. 19
巴金《朝鲜前线采访笔记本》　三八

No. 20
巴金《赴朝日记》手稿　四一

No. 21
杜鹏程《保卫延安》手稿　四二

No. 22
杨沫《青春之歌》手稿　四四

No. 23
梁斌《红旗谱》手稿 四六

No. 24
李季《玉门诗抄》手稿 四八

No. 25
曲波《林海雪原》手稿 五〇

No. 26
林杉、曹欣等著《上甘岭》电影文学剧本手稿 五二

No. 27
黄谷柳《赴朝日记》手稿 五四

No. 28
茅盾《新的现实和新的任务》手稿 五六

No. 29
管桦《小英雄雨来》手稿 五八

No. 30
魏巍《东方》手稿 六〇

No. 31
老舍《宝船》手稿 六二

No. 32
罗广斌《红岩》手稿 六四

No. 33
老舍《正红旗下》手稿 六六

No. 34
郭沫若《水调歌头·赞焦裕禄同志》手稿 六八

No. 35
周克芹《许茂和他的女儿们》手稿 七〇

No. 36
张洁《沉重的翅膀》手稿 七二

第二部分

馆藏一级字画

No. 1
董其昌《董文敏行书诗词手迹》 七六

No. 2
黄应谌《柴门迎客图》 七八

No. 3
林纾书法对联 八〇

No. 4
张謇书法四条屏 八三

No. 5
汤定之画赠冰心《太平湖风景》 八四

No. 6
李可染画赠阳翰笙《孤坐葫芦下》 八七

No. 7
李可染画赠阳翰笙《瀑布与牛》 八八

No. 8
傅抱石画赠老舍《芭蕉丽人》 九〇

No. 9
傅抱石《浓荫读画》（1953年傅抱石题跋） 九二

No. 10
傅抱石画赠老舍《卧船听雨》 九四

No. 11
茅盾五十寿辰题词册 九六

No. 12
陈伏庐画赠冰心《朱竹图》 九八

No. 13
林风眠画赠老舍《江畔人家》
（沈尹默题诗） 一〇一

No. 14
高剑父书法对联 一〇二

No. 15
齐白石应老舍所画
《手摘红樱拜美人》《红莲礼白莲》
《芭蕉叶卷抱秋花》《几树寒梅带雪红》 一〇五

No. 16
齐白石画赠老舍《蛙声十里出山泉》 一〇六

No. 17
齐白石应老舍画《凄迷灯火更宜秋》 一〇八

No. 18
齐白石画赠老舍《九如图》 一一〇

No. 19
齐白石画赠老舍《雨耕图》 一一三

No. 20
黄宾虹画赠老舍《花卉》 一一四

No. 21
力群《黎明》版画 一一六

No. 22
黄宾虹画赠刘白羽《山阁观泉图》 一一八

No. 23
傅抱石画赠刘白羽《湘夫人》 一二〇

No. 24
老舍题诗折扇（赵之谦刻扇骨） 一二二

No. 25
沈尹默录杜宣诗赠巴金、萧珊 一二四

No. 26
刘旦宅《曹雪芹画像》 一二六

No. 27
张仃画曹雪芹像 一二八

No. 28
郭沫若书赠郭小川 一三一

No. 29
赵树理书赠萧珊 一三二

No. 30
关山月画赠欧阳山《红梅》 一三四

No. 31
赖少其书赠巴金：李守常烈士句对联 一三六

No. 32
黎雄才画赠欧阳山《山水》 一三八

No. 33
黎雄才画赠刘白羽 一四〇

No. 34
关良画赠巴金《伏虎罗汉》 一四二

No. 35
吴作人画赠阳翰笙《漠上》 一四四

No. 36
赵朴初书赠冰心《金缕曲》 一四六

No. 37
冰心书赠巴金 一四八

No. 38
关山月画赠刘白羽《墨梅》 一五〇

No. 39
关山月书赠刘白羽 一五二

第三部分

馆藏一级书刊

No. 1
玉情瑶怨馆校刻林纾译《巴黎茶花女遗事》 一五八

No. 2
国民报社藏版谭嗣同著《仁学》 一六〇

No. 3
东京进化社出版鲁迅译《月界旅行》 一六二

No. 4
普及书局出版鲁迅译《地底旅行》 一六四

No. 5
周氏兄弟纂译《域外小说集》(第一册) 一六六

No. 6
周氏兄弟纂译《域外小说集》(第二册) 一六八

No. 7
会稽周氏出版重校本《会稽郡故书杂集》 一七〇

No. 8
泰东图书局出版郭沫若著《女神》 一七二

No. 9
北大新潮社出版川岛著《月夜》 一七四

No. 10
文艺书局出版钱杏邨著《安特列夫评传》 一七六

No. 11
鲁迅西谛合编《北平笺谱》 一七八

No. 12
《热风》(创刊号、终刊号) 一八〇

第四部分

馆藏珍贵实物

No. 1
唐弢书房两用椅 一八四

No. 2
朱自清衣箱 一八六

我彷彿脱下了旅衣的老江湖
此刻在这里做了店小二。

19

第一部分

馆藏一级手稿

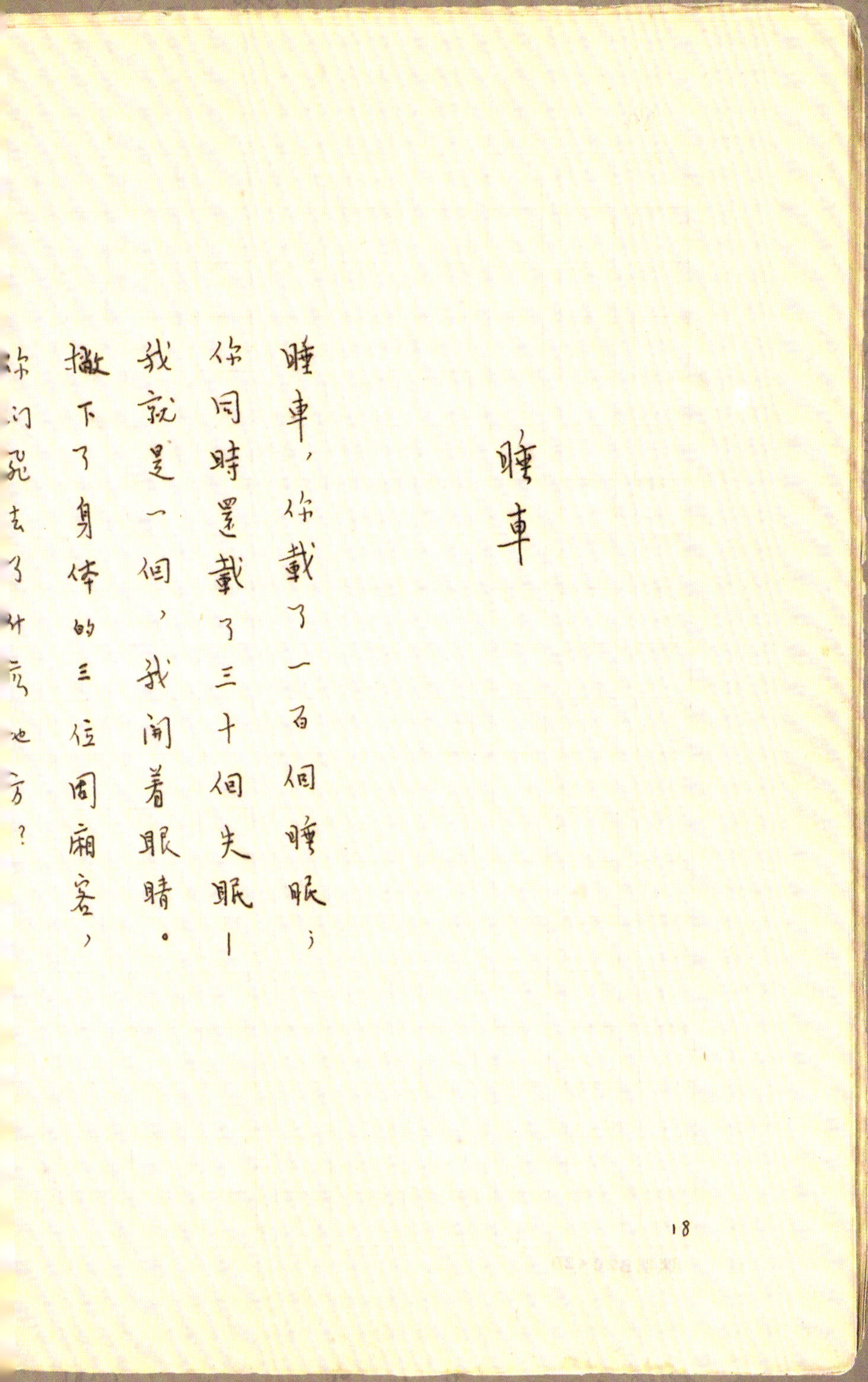
睡車
睡車，你載了一百個睡眠；
你同時還載了三十個失眠——
我就是一個，我閉着眼睛。
撇下了身体的三位同廂客，
你们跑去了什么地方？
18

No. 1

林纾《巴黎茶花女遗事》初刻本

年代　1899年

尺寸　18cm × 12cm

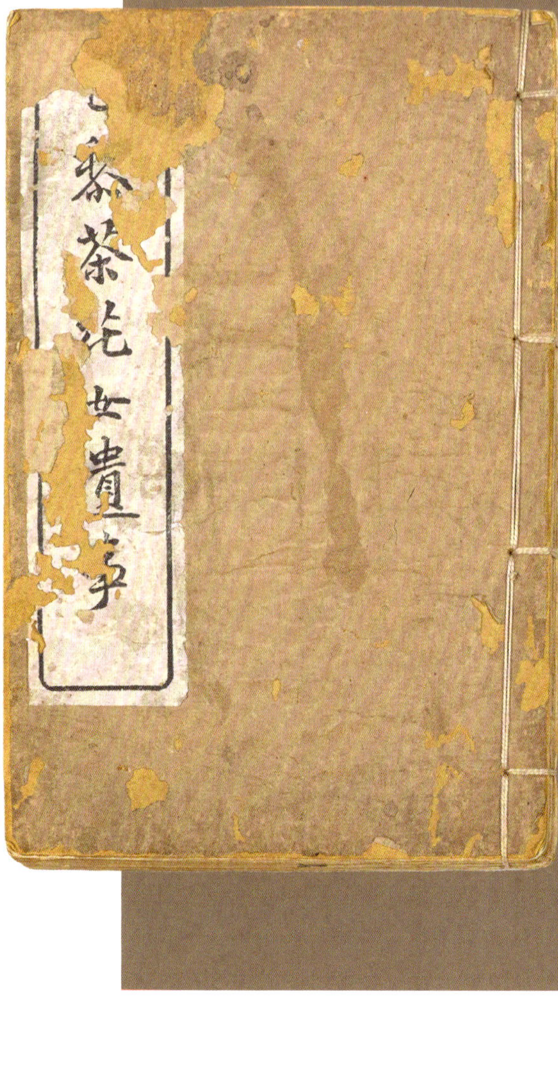

藏品简介

林纾《巴黎茶花女遗事》是中国近代翻译史上具有里程碑意义的作品，也是首部系统译介至中国的西方文学经典。1897年早春，林纾和从法国留学归来的王寿昌开启了一种新颖的合作翻译模式。王寿昌先口译，而后由林纾用典雅文言进行润色重构。这种形式不仅突破了语言障碍，更赋予了译文鲜明的本土色彩。1899年，林译《巴黎茶花女遗事》于福州首刊，甫一问世便引发轰动，书中凄婉的爱情叙事与文言笔法的融合，令读者耳目一新，被誉为西方『红楼梦』。不仅拉开了中国翻译西方文学作品的序幕，更为新文学运动的展开奠定了基础。该本为1899年林氏畏庐原刻初印本，分上下两册。扉页上有林纾印章，内文上有林纾毛笔圈点。据称当时仅印100部，流传甚稀。此书原为林氏家族珍藏，20世纪80年代林纾之孙林大成将其捐赠给中国现代文学馆。

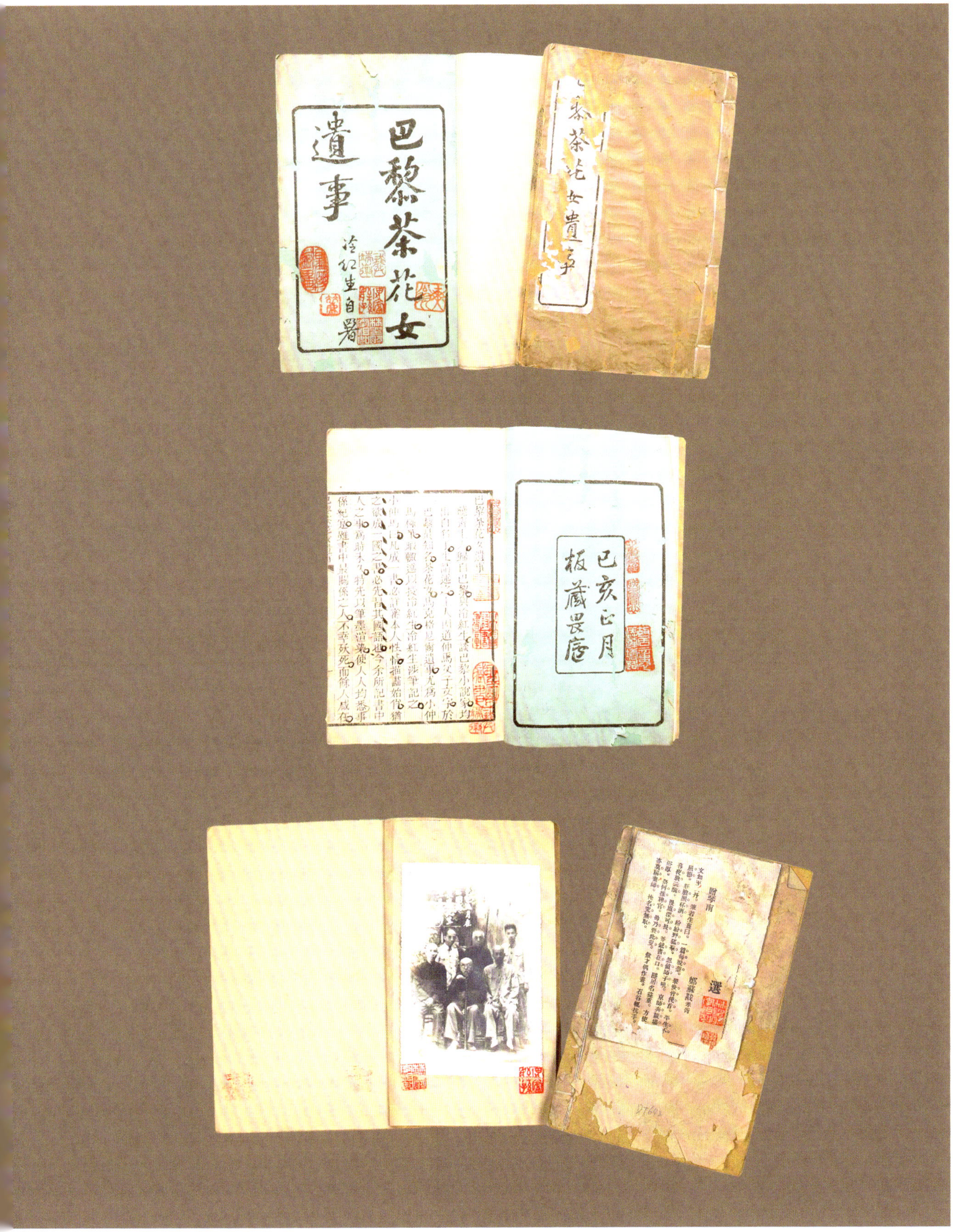
巴黎茶花女
遺事
冷紅生自署
巳亥正月
板藏畏廬

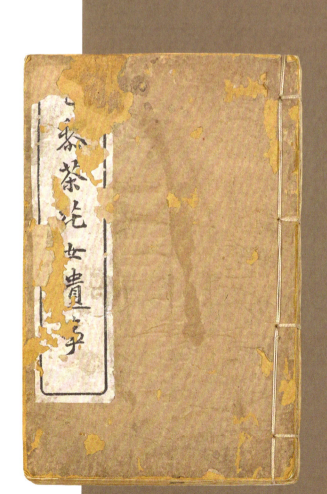

No.2

林纾
《神窝》译稿

年代　20世纪初

尺寸　30.5cm × 22cm

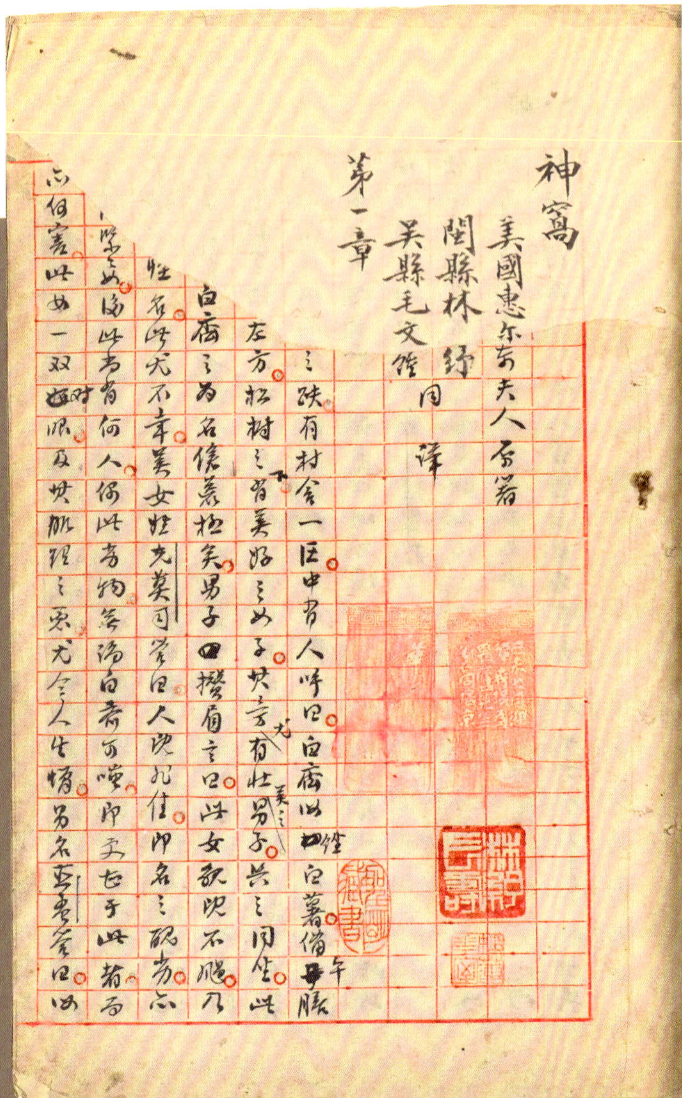
神窩
美國惠尔东夫人原著
閩縣林紓
吳縣毛文鍾　同譯
第一章

藏品简介

林纾自1897年开始与人合译西洋小说，到20世纪初期共翻译了180多部外国作品，一时风行全国，影响深远，他以其独特的文言译笔，将西方文学的瑰宝引入中国，为中国近代文学的发展注入了新的思想与艺术元素。这部译稿是林纾在清末民初时翻译美国惠尔东夫人的原稿，是中西文化碰撞与交融的产物。它不仅展现了林纾的翻译才华，更折射出那个年代知识分子对西方文学的探索和创造性转化。该手稿一直由林纾家人珍藏，其孙林大成于20世纪80年代捐赠给中国现代文学馆。

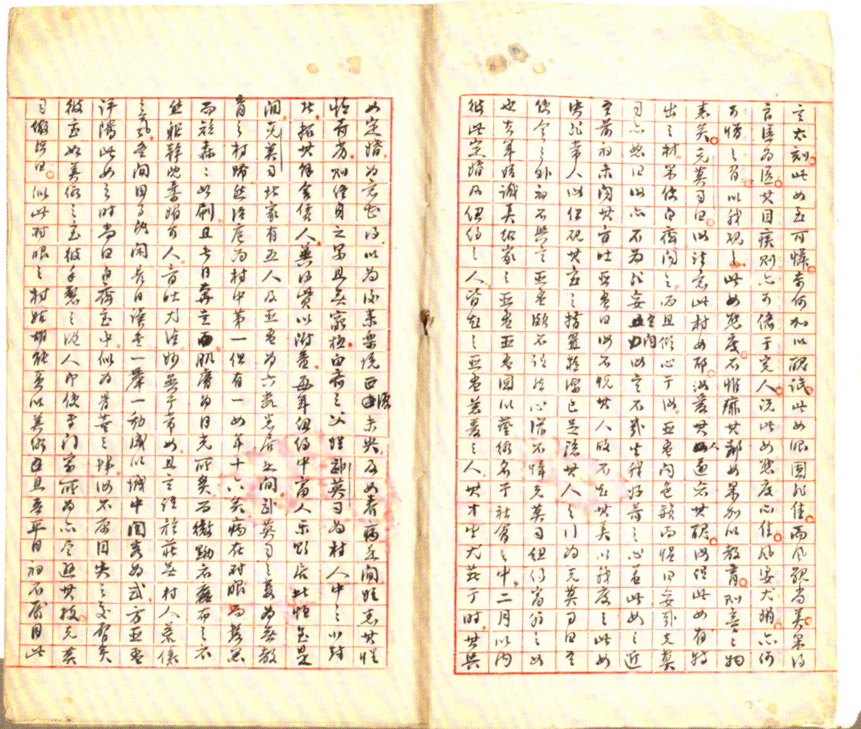

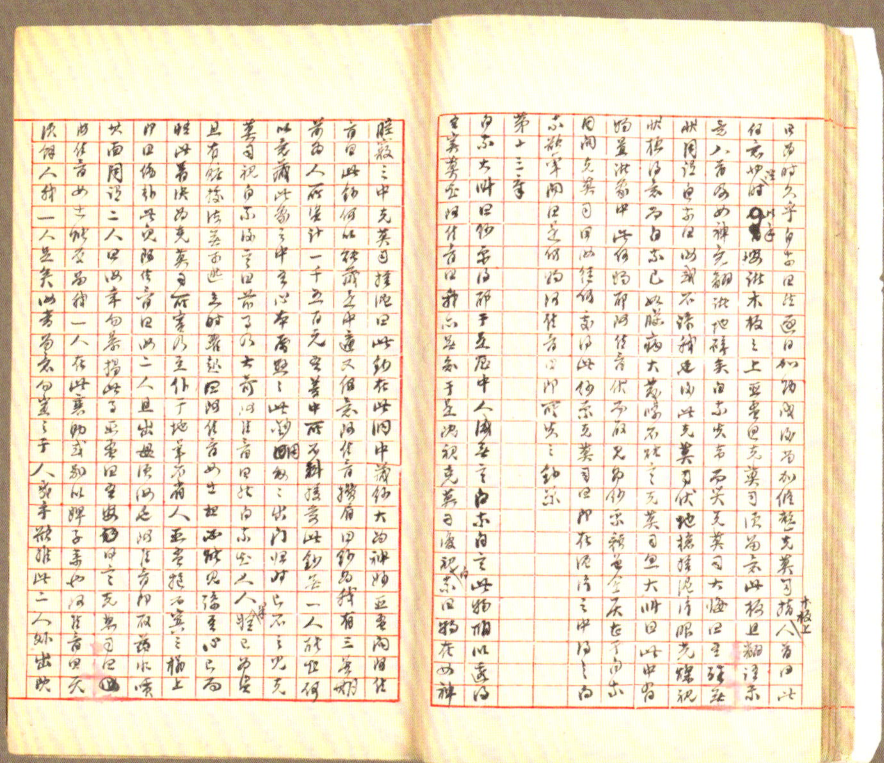

No. 3

茅盾
《子夜》手稿

年代　1932年

尺寸　20.2cm×32.8cm

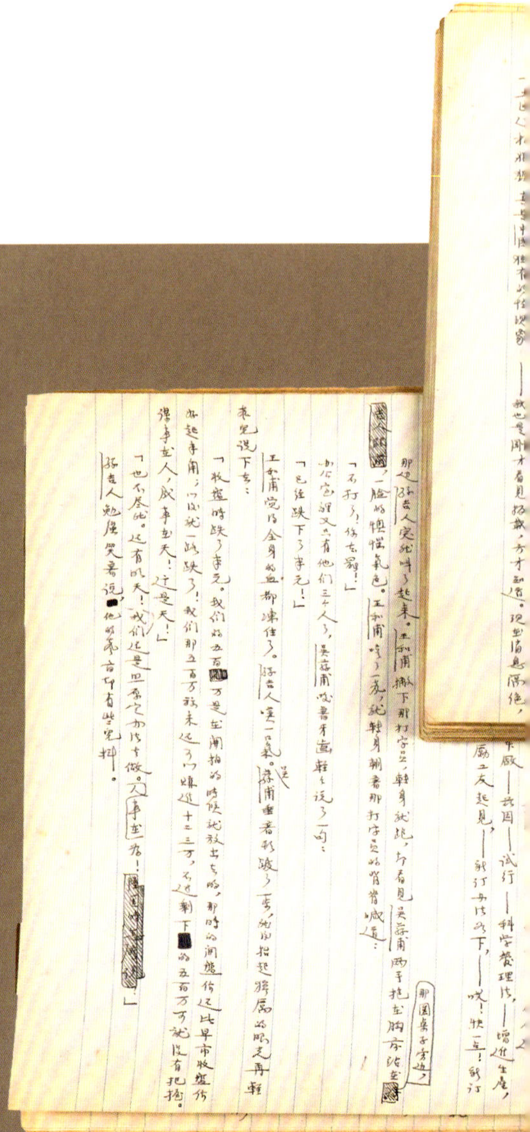

藏品简介

茅盾的《子夜》被誉为『中国现代长篇小说的里程碑』。这部作品不仅以其宏大的叙事结构和深刻的社会洞察力震撼文坛，更因其手稿的传奇经历而成为烽火岁月中的文学瑰宝。《子夜》创作完成于1932年，原名《夕阳》，暗喻旧社会日薄西山。后改名为《子夜》，因为子夜『既是最黑暗的时刻，也是黎明到来的先兆』。应好友郑振铎的邀请，茅盾边写边将手稿交给商务印书馆主办的《小说月报》连载，引起社会广泛关注。不料，1932年上海发生了『一·二八』事变，在日军的轰炸中，上海商务印书馆被摧毁，《小说月报》停刊，《子夜》手稿也化为灰烬。富有戏剧性的是，茅盾发现烧毁的《子夜》手稿，原来是夫人孔德沚抄写的副本，真正的《子夜》手稿完整保存了下来。1937年抗战全面爆发后，茅盾夫妇开始了颠沛流离的战时生活，在匆忙离开上海前，茅盾把《子夜》手稿委托给在上海交通银行工作的二叔沈仲襄保管。沈仲襄深知手稿的价值，将《子夜》手稿珍藏在银行保险柜里，从而使这部手稿平安度过了抗战的烽火岁月。1981年茅盾去世，为响应巴金的呼吁，茅盾之子韦韬将完整的《子夜》手稿捐赠给中国现代文学馆。

夕陽

A version of Modern Chinese ...
for Child ...

No. 4

巴金
《家》修改稿

年代 1935年
尺寸 18.3cm×12cm

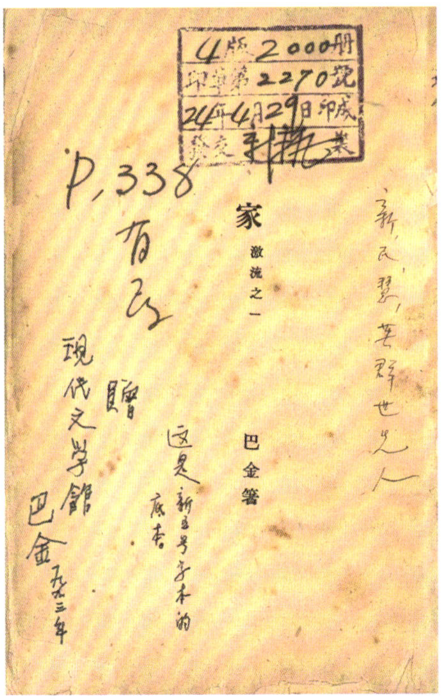

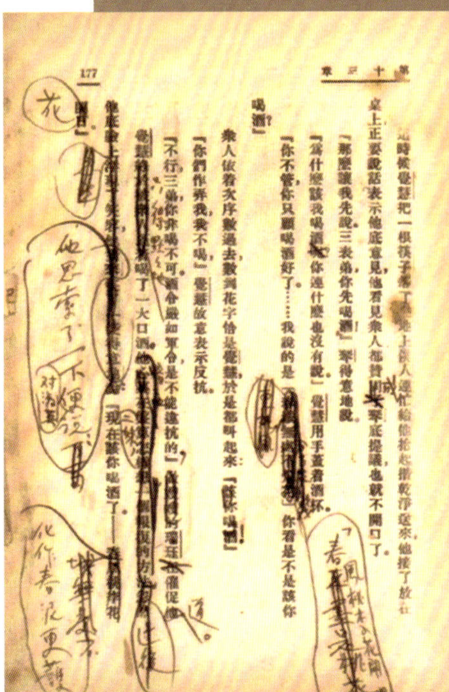

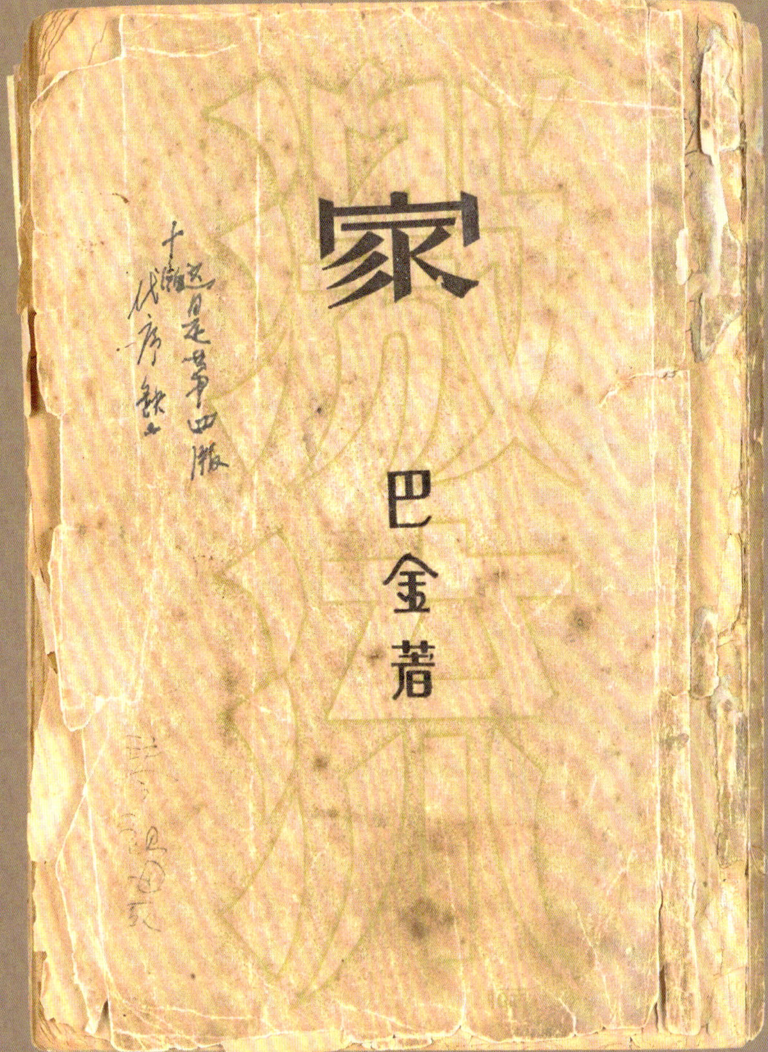

藏品简介

《家》是巴金的代表作。作品描写了20世纪20年代初期四川成都一个封建大家庭的罪恶及悲剧。这部诞生于1933年的作品，如同一把锋利的匕首，刺破了封建礼教的虚伪与腐朽，它不仅是一部家族的史诗，更是一代青年追求自由与民主的精神旗帜。1935年4月《家》第四版发行，巴金在自藏的这个底本上作了很多修改，是研究《家》版本史殊为难得的一份资料。在该书封面上，巴金写道：『这是第四版。』这部手稿一直由巴金自藏，于1993年捐赠给中国现代文学馆。如今，当我们凝视这份泛黄的书稿，欣赏巴金留下的字迹时，仿佛还能听到那个时代青年疾呼『冲破牢笼』的呐喊。

No. 5

卞之琳《装饰集》手稿

年代 1937年

尺寸 20cm×14cm

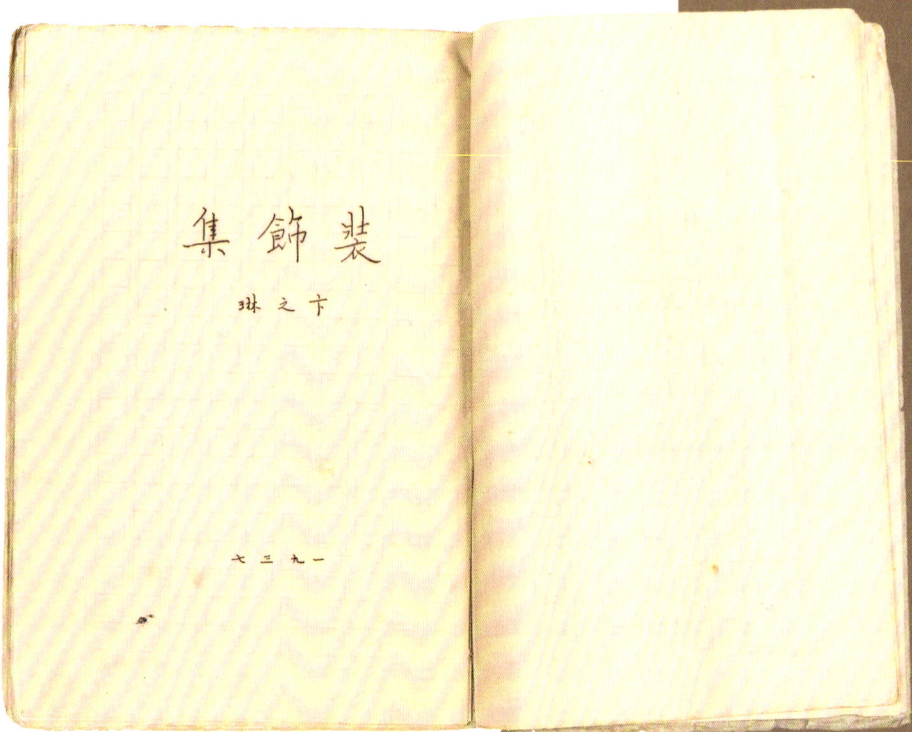

藏品简介

1937年，卞之琳将《无题》组诗五首，加上其他诗歌，编成《装饰集》，交给戴望舒的新诗社出版。然而，卢沟桥的炮火打破了文坛的平静，这部承载了朦胧诗情的诗集，因抗战爆发而未能付梓，成为时代剧变中的文学遗珠。直到1942年，这些诗才得以收入《十年诗草》出版，张充和还为该书题写了书名。《装饰集》是卞之琳的代表作，是其诗歌创作中的独特存在。诗集手稿后流转到卞之琳好友及卞之琳研究专家张曼仪手中，2001年张曼仪将这部手稿捐赠给中国现代文学馆。

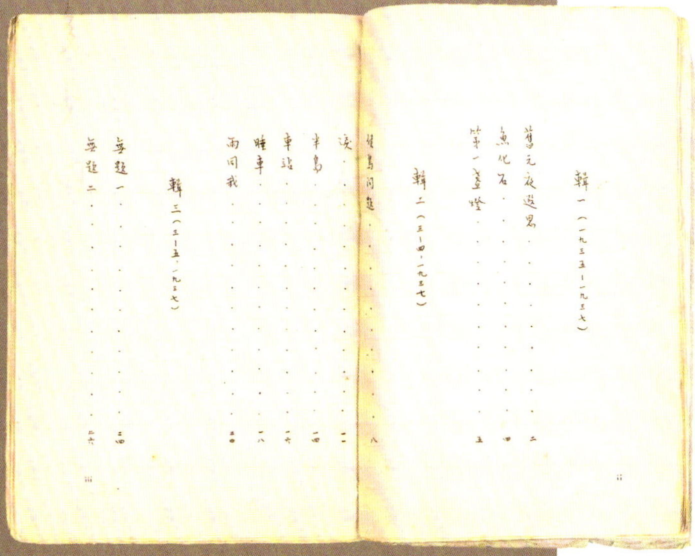
輯一（一九三五—一九三六）
薔元夜遊男……二
魚化石……四
第一盞燈……五
輯二（三—四，一九三七）
候鳥問題……八
淚……一二
半島……一四
車站……一六
睡車……一八
雨同我……二〇
輯三（三—五，一九三七）
無題一……二四
無題二……二六

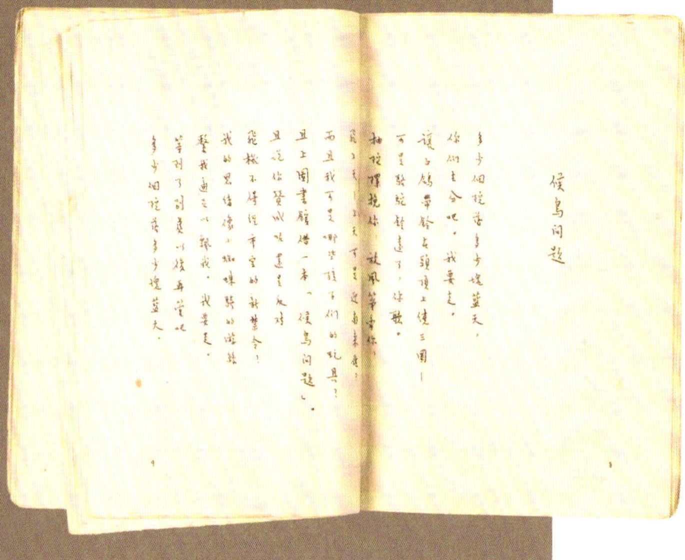
候鳥問題

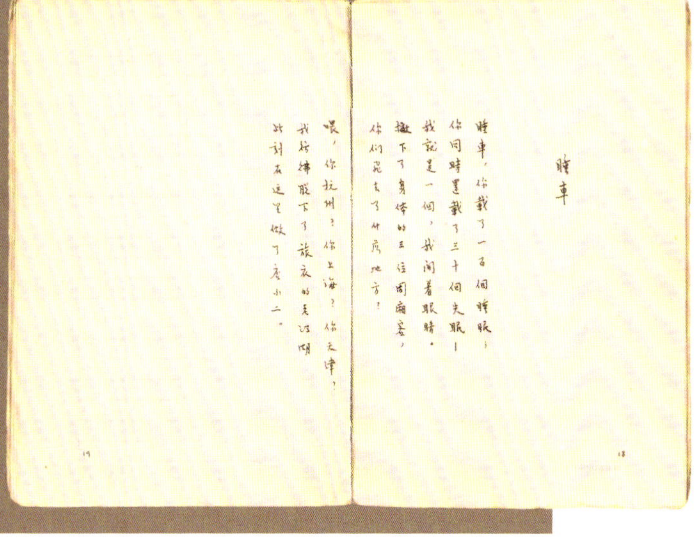
睡車
睡車，你載了一百個睡眠，
你同時還載了三十個失眠——
我就是一個，我閉着眼睛。
撇下了身体的三位陪客，
你們眾去了什麼地方？
喂，你杭州？你上海？你天津？
我彷彿脫下了旅衣的老江湖
此刻在這裏做了店小二。

No. 6

盛成《台儿庄纪事》手稿

年代 1938年

尺寸 40.2cm×27.5cm

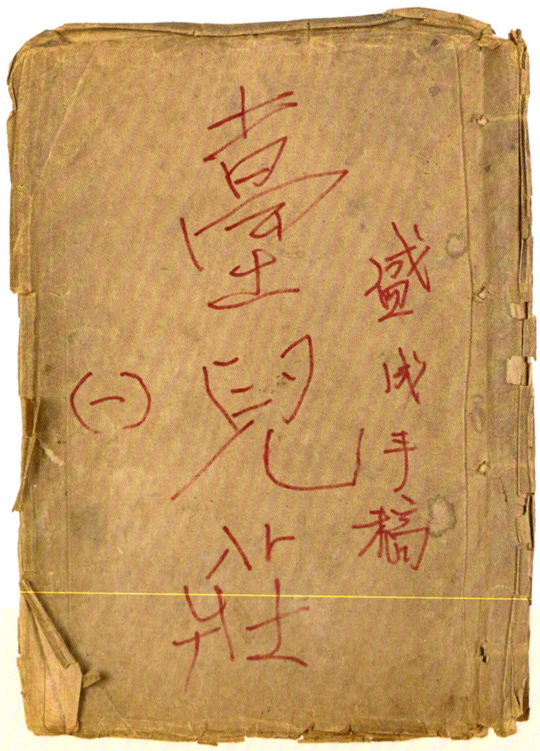

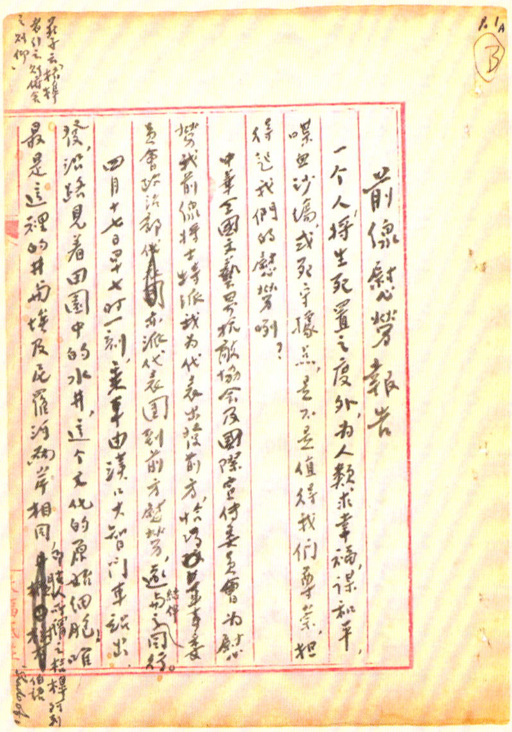

前線慰勞報告

一个人將生死置之度外，為人類求幸福，謀和平，喋血沙場，或死守據點，是不是值得我們尊崇，把得起我們的慰勞咧？

中華全國文藝界抗敵協會及國際宣傳委員會為慰勞我前線將士，特派我為代表赴前方，恰巧政治部亦派代表團到前方慰勞，遂與之同行。

四月十七日早七时一刻，乘車由漢口大智門車站出發，沿路見着田園中的水井，這个文化的原始細胞，唯最是這裡的井與埃及尼羅河兩岸相同，

藏品简介

1938年台儿庄战役打响后，盛成以慰问团成员的身份代表中华全国文艺界抗敌协会去往前线。他以笔为剑，写就《台儿庄纪事》，从『微观』视角描绘了丰富的细节，以富有真实性与情感张力的文字，记录了硝烟中的血泪与荣光。这部手稿不仅是抗战文学的典范，更是民族精神的载体，是中华民族抵御外侮的集体记忆。2007年北京语言大学出版社出版《台儿庄纪事》。2013年盛成夫人李静宜将这部手稿捐赠给中国现代文学馆。它时刻提醒我们：战争虽已远去，但文字的力量永不褪色，历史的回响永存人心。

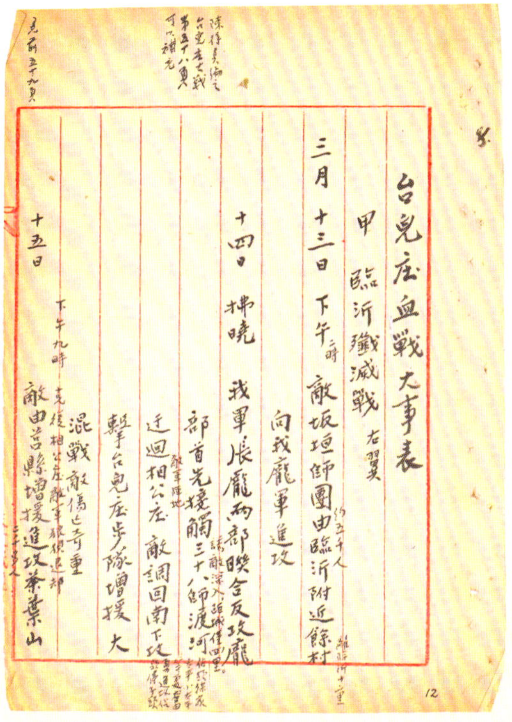
台兒庄血戰大事表
甲 臨沂殲滅戰 右翼
三月 十三日 下午三時 敵坂垣師團由臨沂附近餘村
向我龐軍進攻
十四日 拂曉 我軍張龐兩部晚令反攻龐
十五日
12

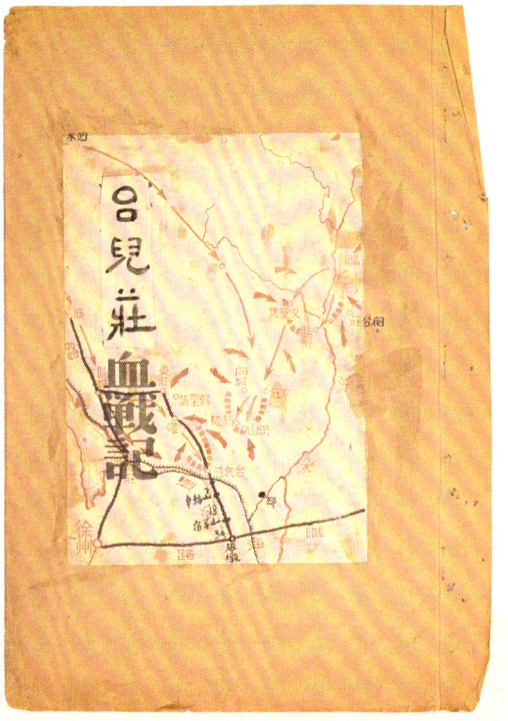
台兒莊血戰記

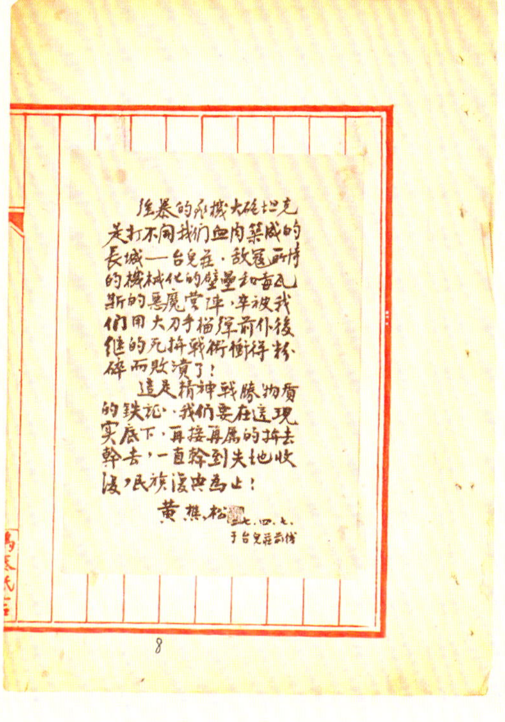
倭寇的飛機大砲坦克
是打不開我们血肉築成的
長城—台兒莊．敵寇所恃
的機械化的壁壘和毒瓦
斯的惡魔营陣，卒被我
们用大刀手榴彈前仆後
繼的死拚戰術衝得粉
碎而敗潰了！
這是精神戰勝物質
的鉄証．我们要在這現
实底下，再接再厲的拚去
幹去，一直幹到失地收
復，民族復興為止！
黄樵松 七．四．七．
于台兒莊前綫
8

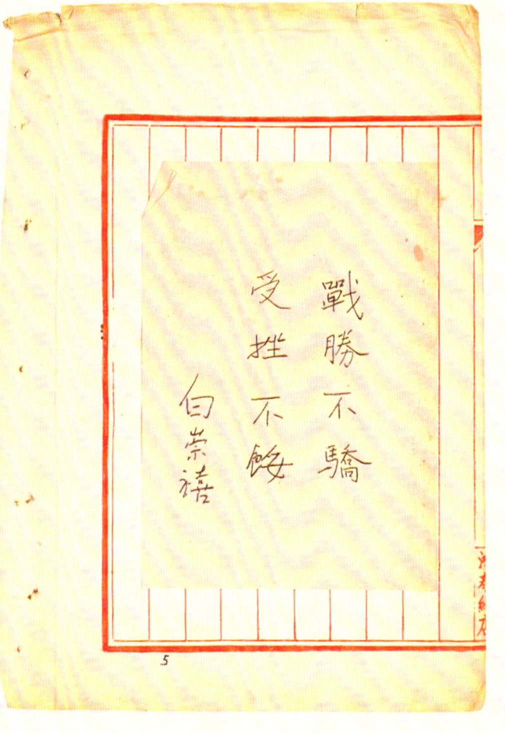
戰勝不驕
受挫不餒
白崇禧
5

No.7

王礼锡《笔征日记》手稿

年代　1939年

尺寸　27.6cm×39.5cm

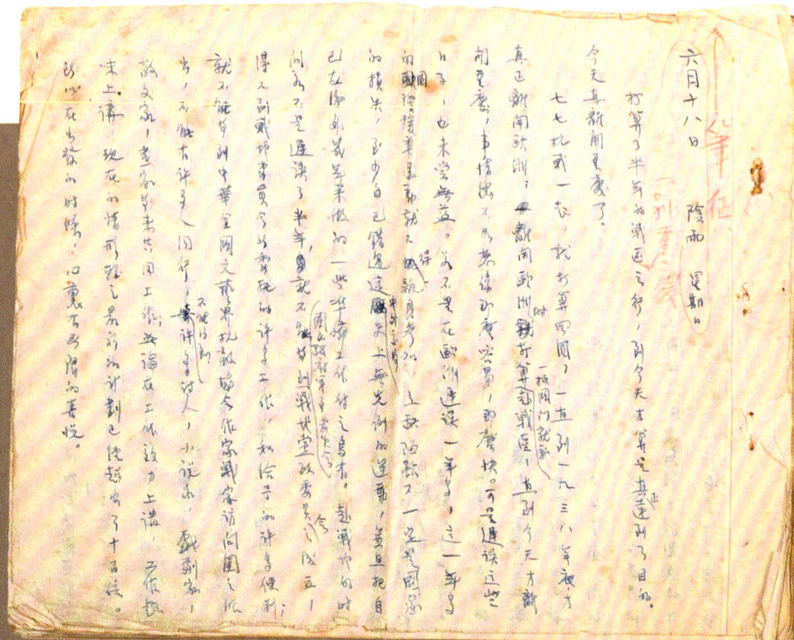

藏品简介

1939年中华全国文艺界抗敌协会发动文艺界人士成立『作家战地访问团』。王礼锡被推选为团长，于6月18日率领『作家战地访问团』深入华北、西北走访，鼓舞民众抗日热情，促进抗战文艺繁荣发展。在颠沛的行军路上，王礼锡坚持记下沿途的所见所闻。然而在1939年8月18日，王礼锡于中条山战地访问期间黄疸病发，8月26日晨病逝，这部手稿因此戛然而止，成为他生命的绝笔。该日记虽然只记载了从1939年6月18日至8月12日短暂的两个月，却犹如一部浸染烽烟与热泪的『纸上纪录片』，保存下珍贵的抗战史料。王礼锡夫人陆晶清一直珍藏这部手稿，并于20世纪90年代捐赠给中国现代文学馆。

筆征

長安巡禮

六月廿九日

黄昏時候，我們到了西安。宮殿式的車站，和極規模宏大的城牆，有條不紊的全城建築計劃，使大家回憶到隋唐之盛。城的規模據說是隋文帝宇文時規模之一，不過那城已經毀了，現在餘下的只是內城，而新城則是明朝建築的。就是內城的規模亦已夠偉大了。

六月三十日

因為訪問黨政軍各機關，其餘的朋友自由地去做文化界聯絡工作。

七月一日二日

繼續做各方聯絡工作，並參觀車輛。因為潼關的鐵路給敵人轟斷了。我們可以坐軍用車或步行過西。火車只能到華陰，從華陰到盤豆鎮，軍用汽車歸第十集團軍負責，由盤豆鎮到靈寶由第一集團軍負責。第一集團軍辦事處在負責代辦。一拿到乘車証就可以走了。

二日晚向東北救亡總會西北分會招待我們。我們從中那裡得到許多經驗。他們告訴我，他們有一個服務團在前方工作，據說，現在工作地點已可以看得到天津的電燈了。我們聽望也能到望得見天津電燈的地方，那將真是如何的興奮的事呵呀！又，從戰地回來的人說到政治工作人員在軍隊裏往往像行李一樣的累贅

No. 8

朱自清《诗言志辨》手稿

年代　20世纪30至40年代

尺寸　白色：29cm×38.5cm

　　　黄色：30cm×40cm

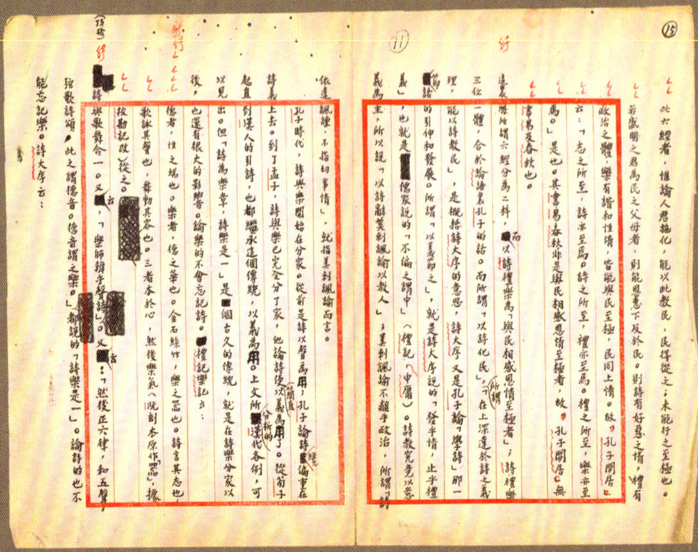

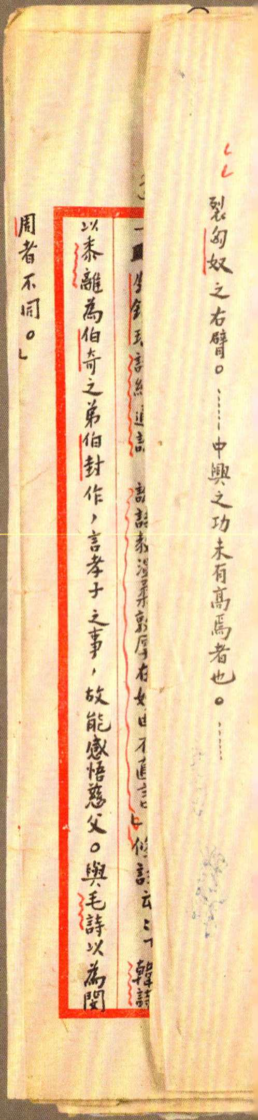
裂匈奴之右臂。……中興之功未有高焉者也。
以黍離為伯奇之弟伯封作，言孝子之事，故能感悟慈父。與毛詩以為閔
用者不同。

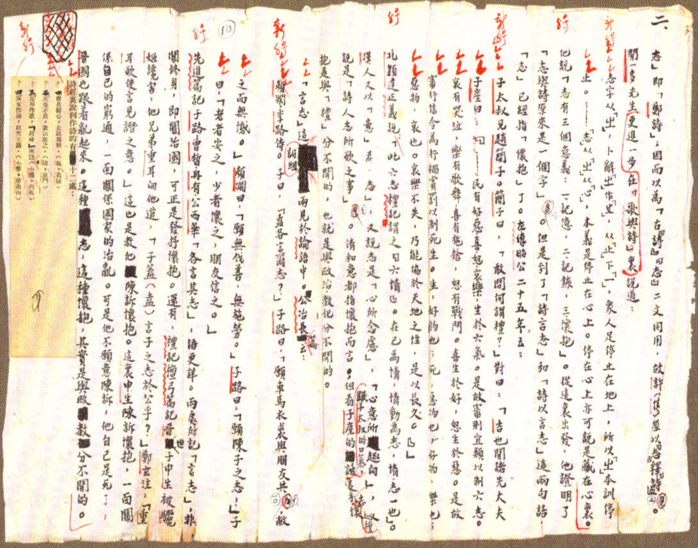

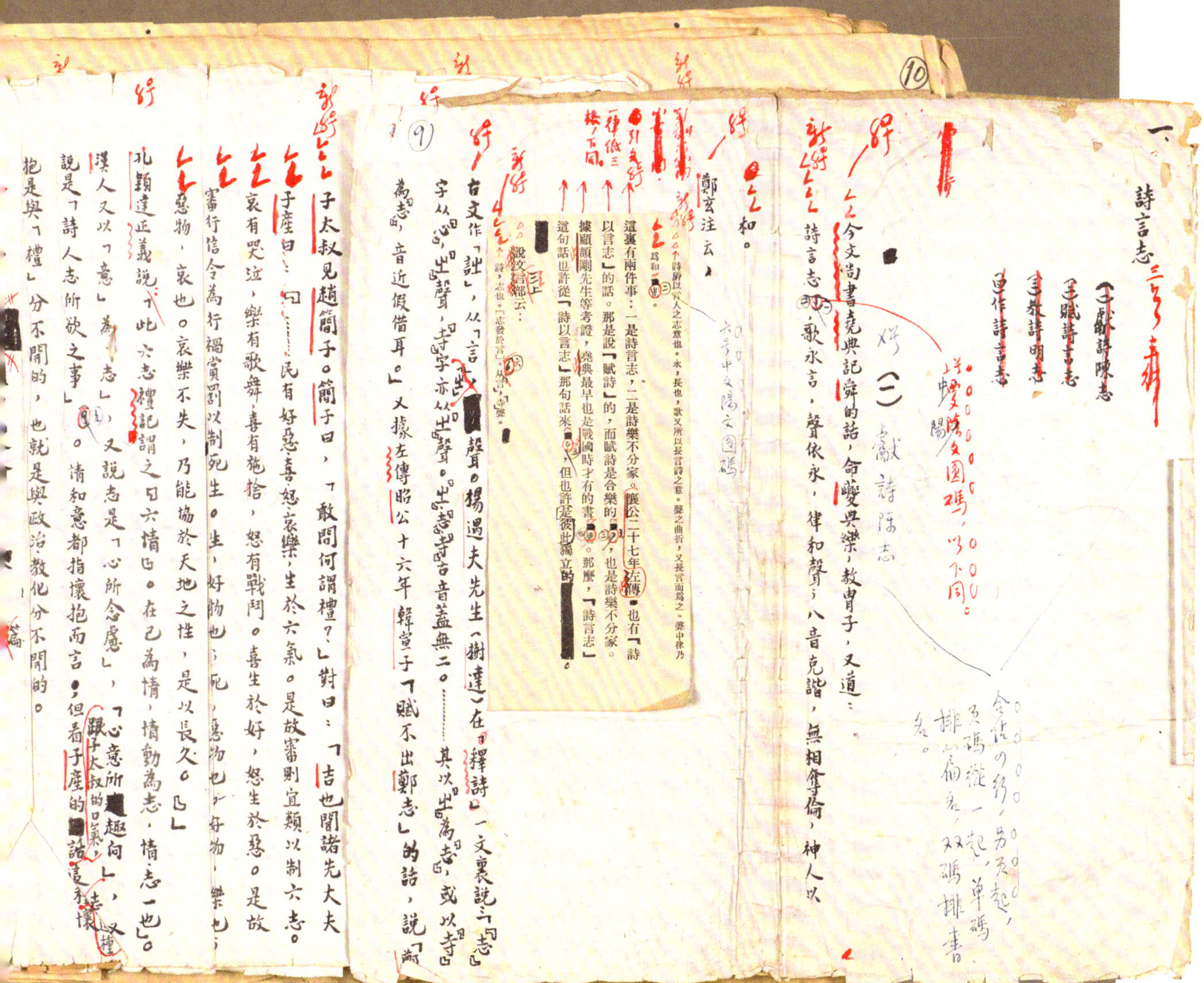

一、

詩言志

（一）獻詩陳志

（二）賦詩言志

（三）教詩明志

（四）作詩言志

今文尚書堯典記舜的話，命夔典樂，教胄子，又道：「詩言志，歌永言，聲依永，律和聲，八音克諧，無相奪倫，神人以和。」

鄭玄注云：

詩所以言人之志意也。永，長也，歌又所以長言詩之意。聲之曲折，又長言而為之。聲中律乃為和。

這裏有兩件事：一是詩言志，二是詩樂不分家。襄公二十七年左傳[redacted]也有「詩以言志」的話。那是說「賦詩」的，而賦詩是合樂的[redacted]，也是詩樂不分家。據顧頡剛先生等考證，堯典最早也是戰國時才有的書[redacted]。那麼，「詩言志」這句話也許從「詩以言志」那句話來[redacted]，但也許是彼此獨立的[redacted]。

說文言部云：

詩，志也。「志發於言」。从言，寺聲。

古文作「訨」，从「言」「㞢」[redacted]聲。楊遇夫先生（樹達）在「釋詩」一文裏說「志」字从「心」「㞢」聲，「寺」字亦从「㞢」聲。「㞢」「志」「寺」古音蓋無二。……其以「㞢」為「志」，或以「寺」為「志」，音近假借耳。」又據左傳昭公十六年韓宣子「賦不出鄭志」的話，說「為

子太叔見趙簡子。簡子曰，「敢問何謂禮？」對曰：「吉也聞諸先大夫子產曰：……民有好惡喜怒哀樂，生於六氣。是故審則宜類以制六志。哀有哭泣，樂有歌舞，喜有施捨，怒有戰鬥。喜生於好，怒生於惡。是故審行信令為行禍賞罰以制死生。生，好物也；死，惡物也。好物，樂也；惡物，哀也。哀樂不失，乃能協於天地之性，是以長久。」

孔穎達正義說「此六志禮記謂之『六情』。在己為情，情動為志，情、志一也。」漢人又以「意」為「志」，又說志是「心所念慮」，「心意所[redacted]趣向」。情和意都指懷抱而言，但看子產的[redacted]話，這種懷抱是與「禮」分不開的，也就是與政治、教化分不開的。

藏品简介

《诗言志辨》是朱自清撰写的一部专门探讨中国诗学的学术著作，也是他的学术经典。朱自清在《诗言志辨》中研究了从春秋战国时期到汉代的『诗言志』与『诗教』理论，以及『比兴』与『正变』等四条诗论的发展脉络，开启了现代中国诗论的先河，构建了一个系统而全面的中国古典诗歌理论框架，极大推动了中国现代文学观和文艺观的建立。手稿中可见朱自清反复修订的笔迹，以及旁征博引的批注，生动呈现了其治学的严谨态度及创新精神。纸张虽已经泛黄，但字迹依旧清晰工整。该手稿一直由朱自清家人珍藏，1997年朱自清之子朱乔森将这部手稿捐赠给中国现代文学馆。

No. 9

阳翰笙《天国春秋》手稿

年代　1941年

尺寸　20.5cm×27cm

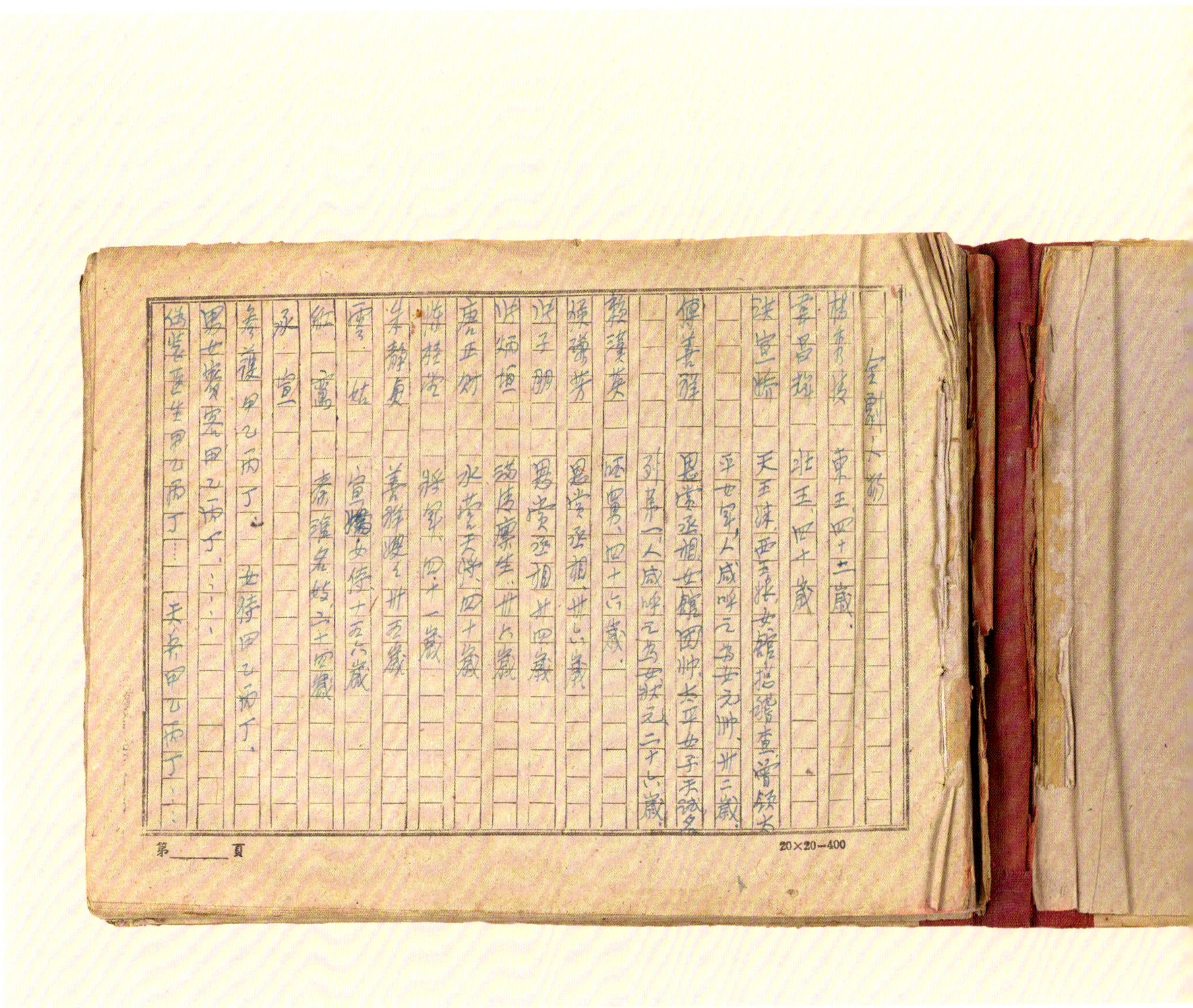

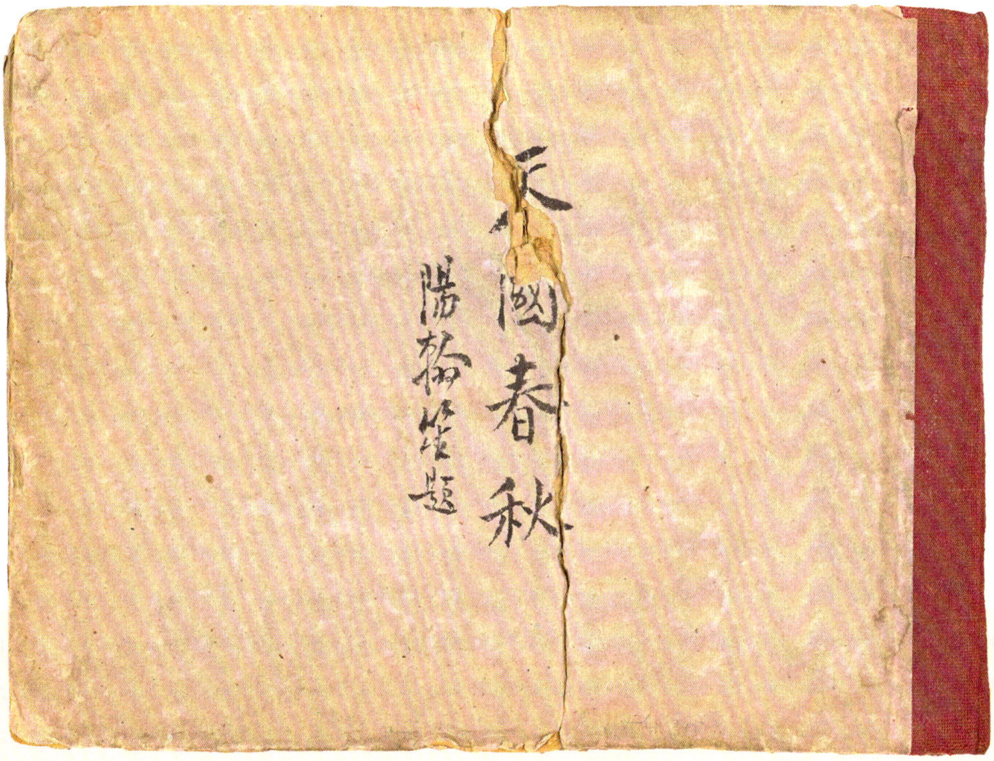

藏品简介

《天国春秋》是阳翰笙在1941年『皖南事变』后创作的一部六幕历史话剧，借太平天国内部权力斗争的故事隐喻时局，揭露分裂与内耗的危害，成为『借古喻今』的典范之作。作品完成后曾有中华剧艺社的油印本流传。1942年6月起《天国春秋》开始在《抗战文艺》上分三次连载，在文艺界引起了重大反响。这部手稿一直由阳翰笙家人珍藏，2003年阳翰笙之女欧阳小华将其捐赠给中国现代文学馆。

No. 10

陈企霞参加延安文艺座谈会邀请函

年代　1942年

尺寸　21.5cm×28cm

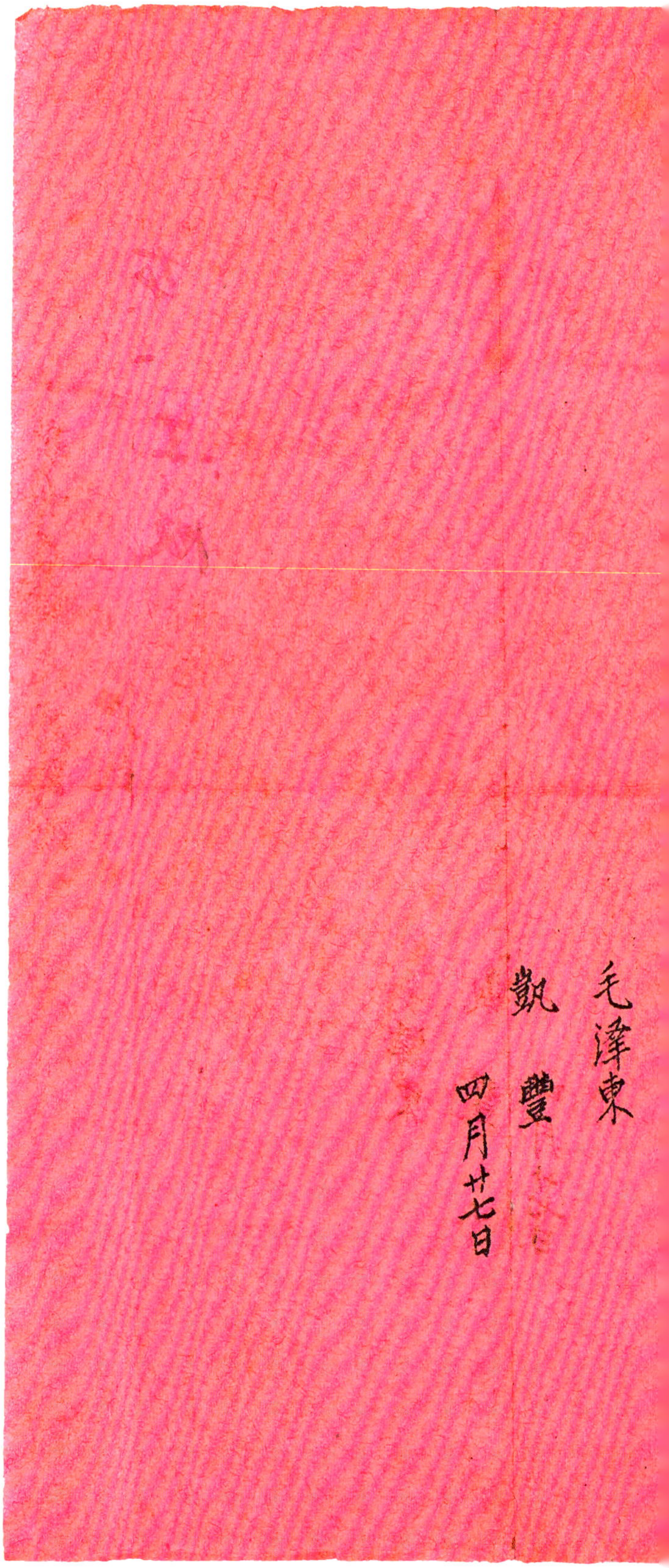

藏品简介

1942年5月2日至23日，毛泽东亲自主持召开了由文艺工作者、中央各部门负责同志等100多人参加的延安文艺座谈会，并发表了《在延安文艺座谈会上的讲话》。时在延安的陈企霞也收到了邀请函，并参加了此次会议。作为延安文艺座谈会存世极少的实物凭证之一，这份邀请函不仅是陈企霞个人革命生涯的见证，更是一段历史的浓缩，是一个民族在危难中对文化力量的坚定信仰。陈企霞一直珍藏此邀请函，于20世纪80年代将其捐赠给中国现代文学馆。

解放日報

陳企霞同志啟

為着交換对於目前文藝運动各方面问题的意見起見，特訂於五月二日下午一時半在楊家嶺办公厅楼下会議室内开座談会，敬希届時出席為盼

此致

陳企霞同志

No. 11

闻一多
《九歌（古曲翻新）》手稿

年代　1946年

尺寸　19.4cm×22.2cm

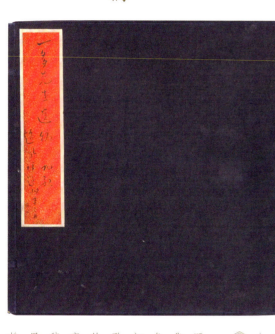

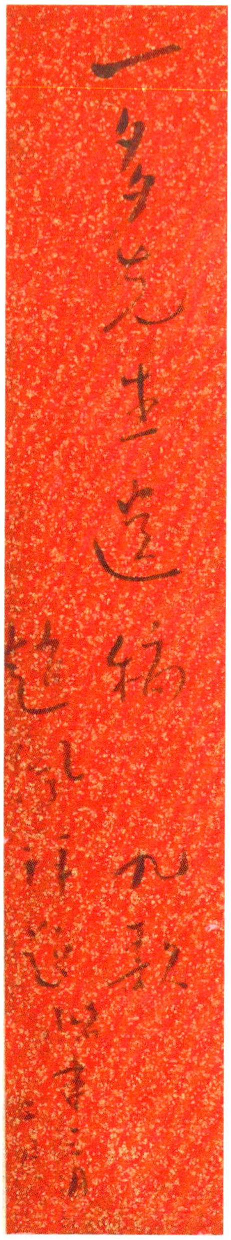

藏品简介

《九歌（古曲翻新）》是闻一多为西南联大学生剧团创作的一部新型歌舞剧剧本。这部完成于1946年的歌舞剧手稿，既是闻一多对屈原的深情致敬，也是他融合古典楚辞与现代戏剧的先锋尝试。更令人唏嘘的是，这是他被国民党特务暗杀前的最后一部作品，是他留给世人的『艺术遗书』。初稿名为《九歌（古曲翻新）》，终稿定名为《〈九歌〉古歌剧悬解》。作品完成后，闻一多将手稿交给了学生剧团的负责人王松声。中华人民共和国成立后，王松声请荣宝斋老裱工将手稿按页装裱，加上封套。后因时局变化，手稿不知下落。王松声多方找寻，最后在北京市文联资料室里发现，居然完好如初。征得北京市文联同意，1990年王松声将这部珍贵手稿捐赠给中国现代文学馆。

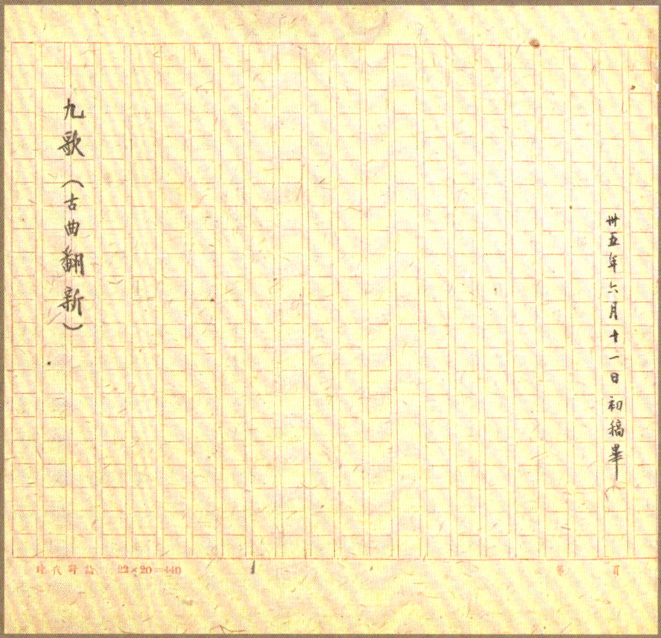
九歌（古曲翻新）

卅五年六月十一日初稿毕

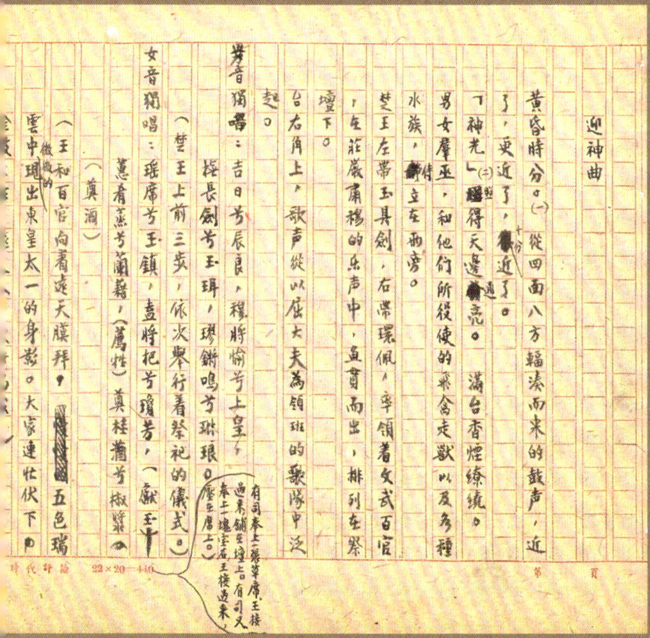
迎神曲

黄昏時分。（一）從四面八方輻湊而來的鼓声，近了，更近了，十分近了。

「神光」（二）照得天邊通亮。滿台香煙繚繞。

男女覡巫，和他們所役使的飛禽走獸以及各種水族，侍立在兩旁。

楚王左帶玉具劍，右帶環佩，率領着文武百官，在莊嚴肅穆的樂声中，魚貫而出，排列在祭壇下。

台右角上，歌声從以屈大夫為領班的歌隊中泛起。

男音獨唱：吉日兮辰良，穆將愉兮上皇；撫長劍兮玉珥，璆鏘鳴兮琳琅。

（有司奉上一張草席，王接過來鋪在壇上。有司又奉上一塊寶石，王接過來，壓在席上。）

（楚王上前三步，依次舉行着祭祀的儀式。）

女音獨唱：瑤席兮玉鎮，盍將把兮瓊芳，（獻玉）蕙肴蒸兮蘭藉，（薦牲）奠桂酒兮椒漿。（奠酒）

（王和百官向着遠天膜拜，五色瑞雲中微微的現出東皇太一的身影。大家連忙伏下

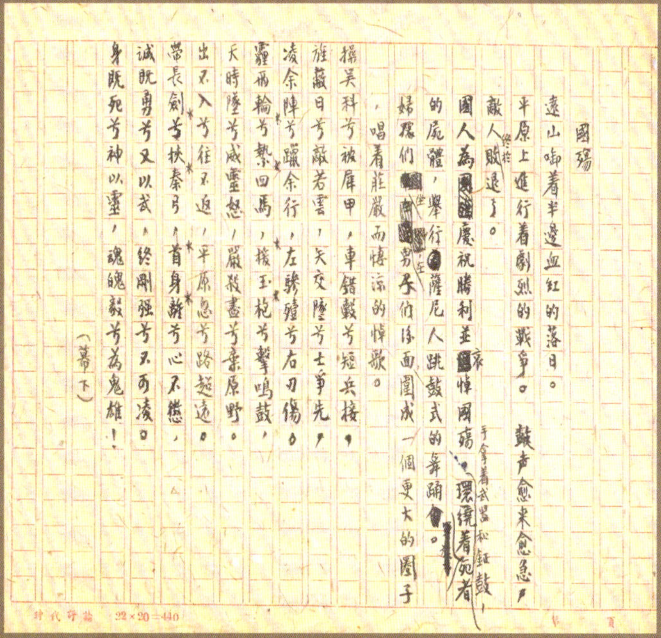
國殤

遠山啣着半邊血紅的落日。

平原上進行着劇烈的戰爭。鼓声愈來愈急，敵人終於敗退了。

國人為慶祝勝利並哀悼國殤，舉行薩尼人跳鼓式的舞蹈。手拿着武器和鉦鼓，環繞着死者的屍體，男女們坐在地上，他們徐面圍成一個更大的圈子，唱着莊嚴而悽涼的悼歌。

操吳科兮被犀甲，車錯轂兮短兵接，
旌蔽日兮敵若雲，矢交墜兮士爭先，
凌余陣兮躐余行，左驂殪兮右刃傷。
霾兩輪兮縶四馬，援玉枹兮擊鳴鼓，
天時墜兮威靈怒，嚴殺盡兮棄原野。
出不入兮往不返，平原忽兮路超遠。
帶長劍兮挾秦弓，首身離兮心不懲，
誠既勇兮又以武，終剛強兮不可凌。
身既死兮神以靈，魂魄毅兮為鬼雄！

（幕下）

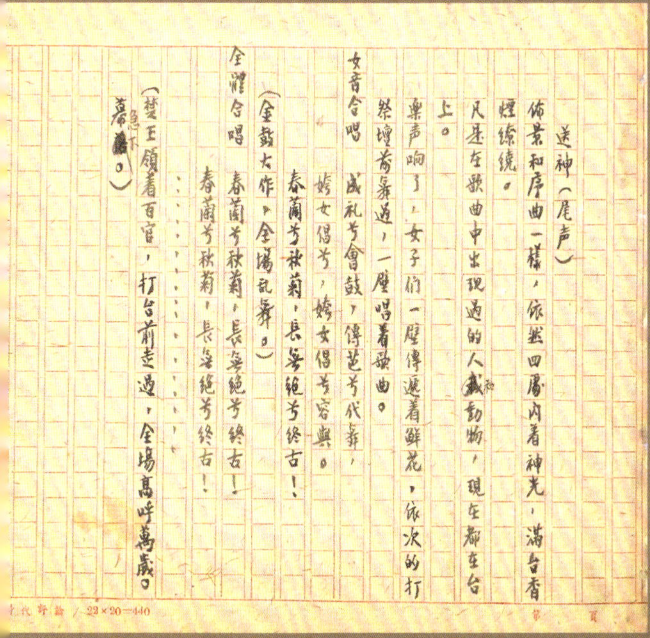
送神（尾声）

佈景和序曲一樣，依然四處閃着神光，滿台香煙繚繞。

凡是在歌曲中出現過的人和動物，現在都在台上。

樂声响了。女子們一壁傳遞着鮮花，依次的打祭壇前舞過，一壁唱着歌曲。

女音合唱　成礼兮會鼓，傳芭兮代舞，
姱女倡兮，姱女倡兮容與。
春蘭兮秋菊，長無絕兮終古！

（全鼓大作，全場亂舞。）

全體合唱　春蘭兮秋菊，長無絕兮終古！
春蘭兮秋菊，長無絕兮終古！
……

（楚王領着百官，打台前走過，全場高呼萬歲。急下幕。）

No. 12

茅盾《锻炼》手稿

年代 1948年

尺寸 21.7cm × 19.3cm

藏品简介

这是茅盾1948年创作的表现抗日战争题材的长篇小说《锻炼》的手稿，也是茅盾最后一部长篇作品。最初在香港《文汇报》上连载，后经茅盾修订，于1981年由文化艺术出版社出版单行本。手稿中的文字布满修改痕迹，段落几经调整，词句历练斟酌，甚至人物命运走向也被反复推敲。这些细节不仅展现了茅盾对文学创作的严谨态度，更映射出文学巨匠在动荡年代对精神书写的至真追求。这部手稿一直由茅盾家人珍藏，1997年茅盾之子韦韬将其捐赠给中国现代文学馆。

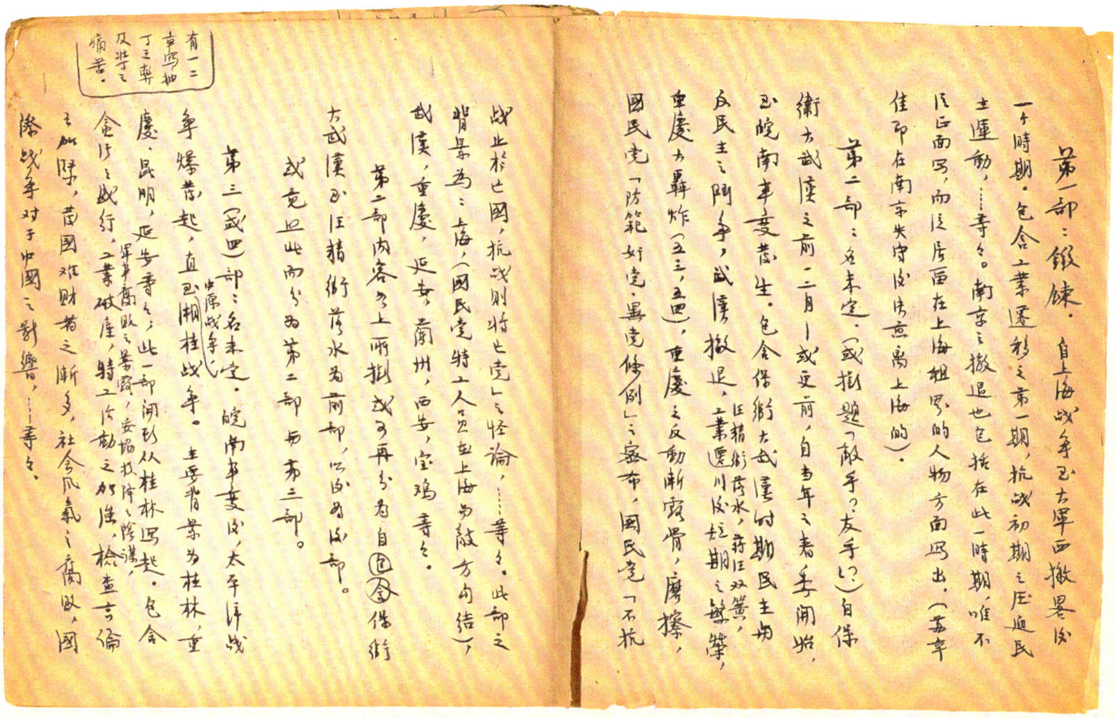

第一部：鍛鍊。自上海战争至大軍西撤畧以一个時期。包含工業遷移之第一期，抗战初期之压迫民主運動，……等々。南京之撤退也包括在此一時期，唯不从正面写，而从居留在上海租界的人物方面写出。（故事佳即在南京失守後传来上海的）。

第二部：名未定。（或擬題「敵乎？友乎？」）自保衛大武漢之前一二月——或更前，自当年之春季開始，至皖南事变发生。包含保衛大武漢时期民主与反民主之鬥爭，武漢撤退，汪精衛落水，蒋汪双簧，工業遷川後拉期之鬥爭，重慶大轟炸（五三，五四），重慶之反動嘶露骨，摩擦，國民党「防範奸党，異党條例」之密布，國民党「不抗战此於亡國，抗战則将亡党」之怪論，……等々。此部之背景為：上海（國民党特工人员在上海所敵方向结），武漢，重慶，延安，蘭州，西安，宝鸡等々。

第二部内容多上所擬，或可再分為自（包含）汪精衛落水為前部，以後為後部。

或竟照此而分為第二部与第三部。

第三（或四）部：名未定。皖南事变後，太平洋战争爆發起，直至湘桂战争（中原战争）。此一部開头从桂林寫起。包含重慶，昆明，延安等々；主要背景为桂林，重慶。（軍事腐败之暴露，妥協投降之陰謀），金融之敗行，工業破產，特工活動之加強，檢查言論之加緊，發國难财者之渐多，社会风氣之腐败，國際战争对于中國之影響，……等々。

有一二章写抽丁之弊及兵丁之痛苦。

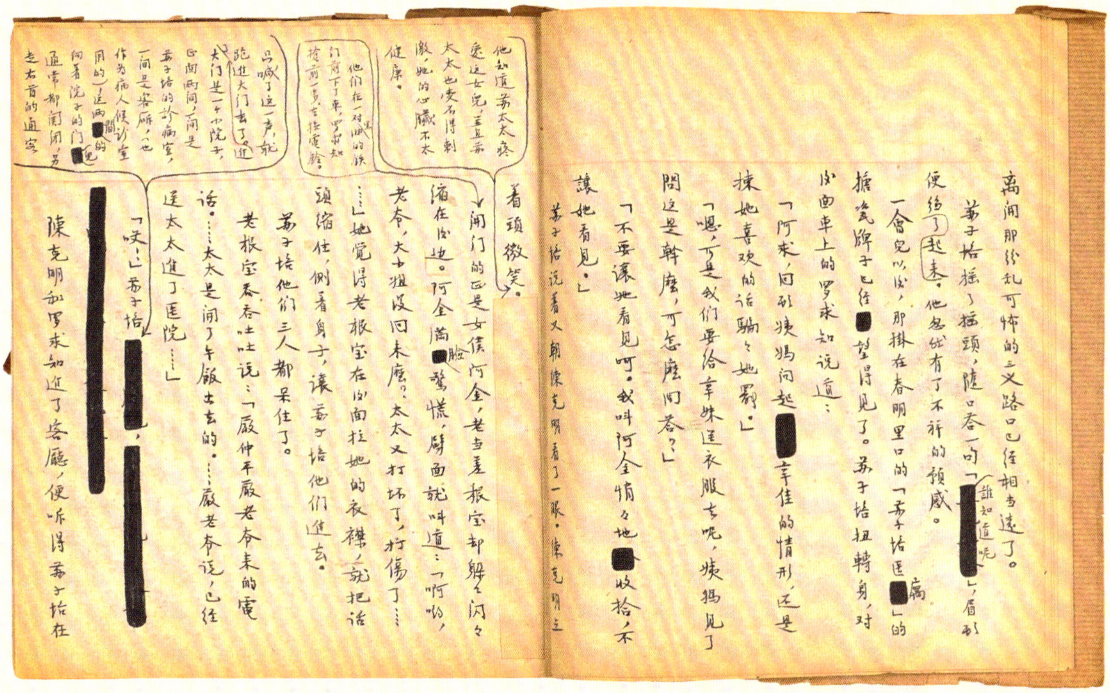

离開那紛乱可怖的三叉路口已经相当遠了。

苏子培摇了摇頭，随口答一句「[redacted]誰知道呢」，眉形便皱了起来。他忽然有了不祥的预感。

一會兒以後，那掛在春明里口的「苏子培医[redacted]寓」的招牌已经[redacted]望得見了。苏子培扭轉身，对以面車上的罗求知说道：

「阿求，回头姨妈问起[redacted]幸佳的情形，还是揀她喜欢的话騙々她罢。」

「嗯，可是我们要给幸妹送衣服去呢，姨妈見了問这是幹麼，可怎麼回答？」

「不要讓她看見呵。我叫阿金悄々地[redacted]收拾，不讓她看見。」

苏子培说着又朝陳克明看了一眼。陳克明之

着頭微笑。

他知道苏太太疼爱这女兒，並且苏太太也受不得刺激，她的心臟不太健康。

開门的正是女佣阿金，老当差根宝却躲々闪々縮在後边。阿金滿[redacted]脸驚慌，劈面就叫道：「啊呦，老爷，大小姐没回來麼？太太又打坏了，打傷了……」

他们在一对嘶的鉄门前下了車，罗求知搶前一步去按電鈴。

……」她覺得老根宝在後面拉她的衣襟，就把话頭縮住，側着身子，讓苏子培他们進去。

苏子培他们三人都呆住了。

老根宝吞々吐々说：「厰仲平厰老爷来的電话。……太太是聞了午飯出去的。……厰老爷说，已经送太太進了医院……」

「哎！」苏子培[redacted]

只喊了这一声，就跑進大门去了。进大门是一个小院子，正面两间，一间是苏子培的診病室，一間是客厅，也作为病人候診室（用的）。这两[redacted]間的門[redacted]向着院子的門，通常都关閉，另走右首的通…

陳克明和罗求知進了客廳，便听得苏子培在

藏品简介

《四世同堂》是老舍创作的一部表现抗日战争时期北平沦陷区普通民众生活的长篇小说。2002年《四世同堂》手稿被正式批准进入《中国档案文献遗产名录》，成为首批近50件『档案文献国宝』之一，也是其中唯一的文学类作品手稿。第一部《惶惑》，34章；第二部《偷生》，33章，共计67章67万余字，1252页，全部正楷竖行写在抗战大后方生产的红条土纸上。1944年，日寇轰炸重庆北碚，大家躲进防空洞，老舍什么也没拿，就夹个小布包袱，里面装的是《四世同堂》手稿，此时作品尚未发表。

1946年老舍带着已出版单行本的第一、二部手稿远涉重洋，自己装订成12大册。从1947年春到1948年夏，他在从华盛顿到西雅图的奔波中写完了《四世同堂》的第三部——《饥荒》。同前两部不同，《饥荒》是用钢笔横排写在美国式的黑色硬皮16开大笔记本上，原本33章，33万字。但第三部手稿被毁，现存第一、二部手稿，2001年老舍夫人胡絜青将其捐赠给中国现代文学馆。

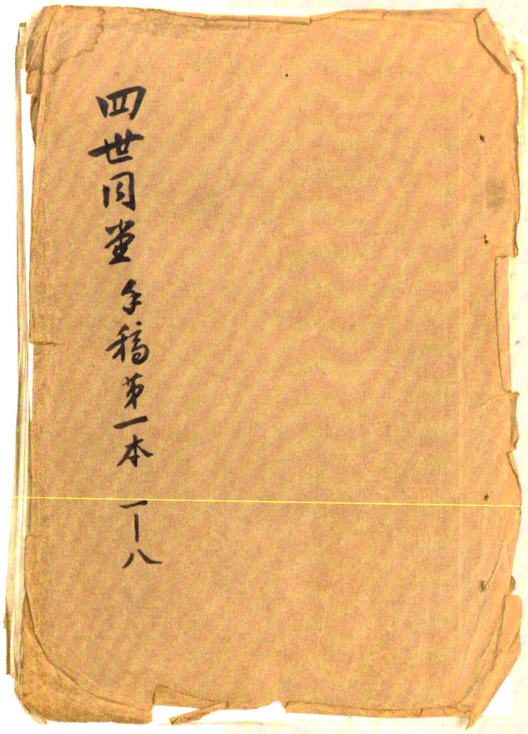

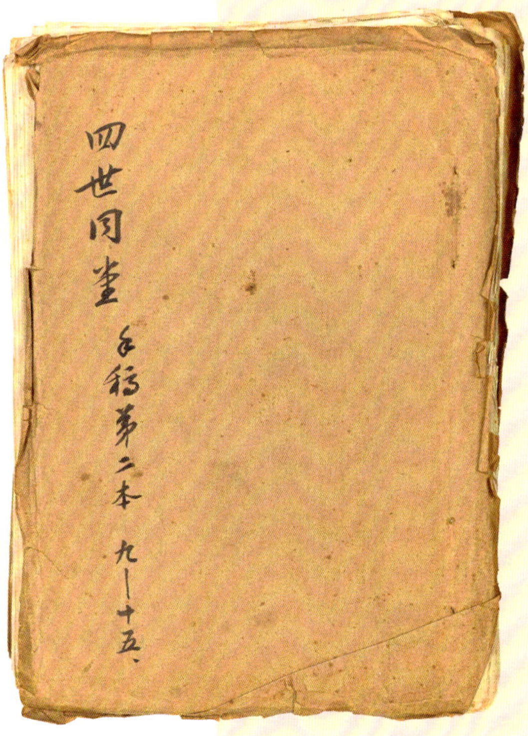

No. 13

老舍《四世同堂》手稿（第一、二部）

年代　20世纪40年代

尺寸　36cm×26.5cm

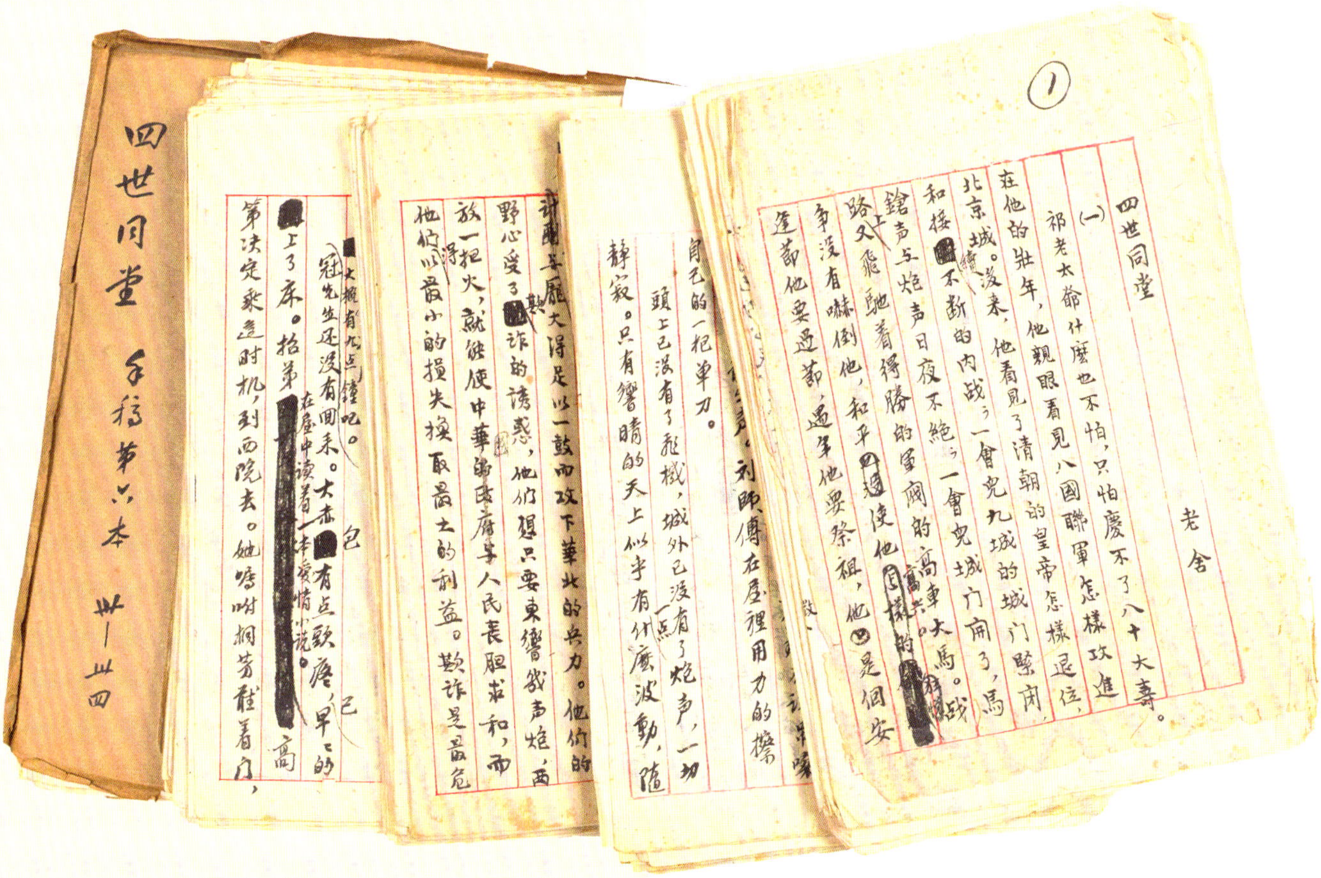

No.14

陈独秀

《小学识字教本·自序》手稿

年代　20世纪40年代

尺寸　26cm×17cm

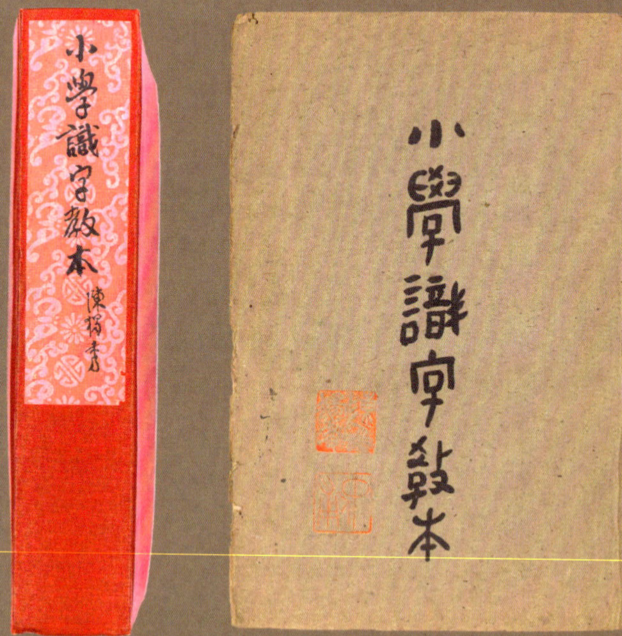

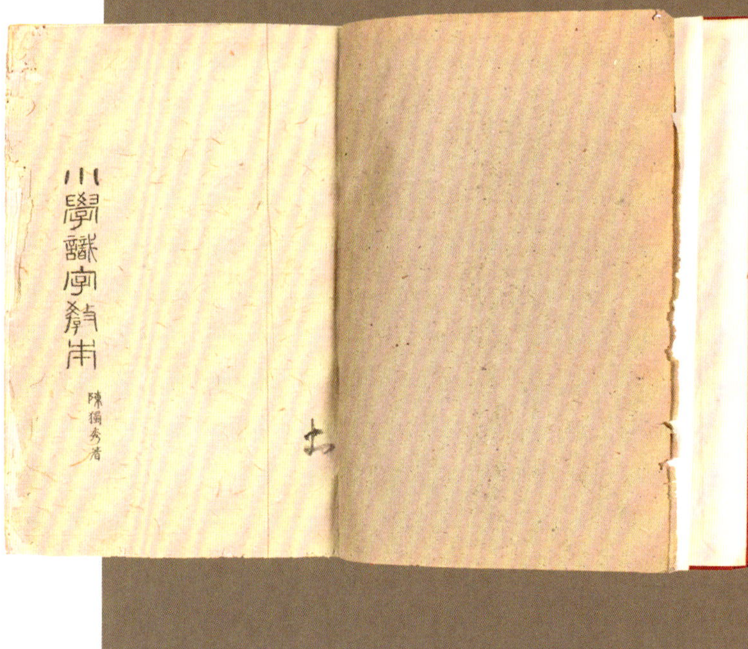

藏品简介

1932年10月至1937年8月，陈独秀被国民党政府关押，监禁在南京老虎桥监狱。尽管身陷囹圄，但他并未放弃对思想与学术的追求，反而以文字学研究为寄托，展现了他作为知识分子的坚韧与执着。出狱后，陈独秀移居重庆，直到去世前一直都在撰写《小学识字教本》书稿。手稿中的《自序》部分尤为重要，阐述了陈独秀对汉字演变的见解及思考，具有重要学术价值。陈独秀曾将该手稿交予梁实秋出版。2004年梁实秋之女梁文蔷将该手稿捐赠给中国现代文学馆，成为本馆现存唯一一件陈独秀手稿，极为珍贵。

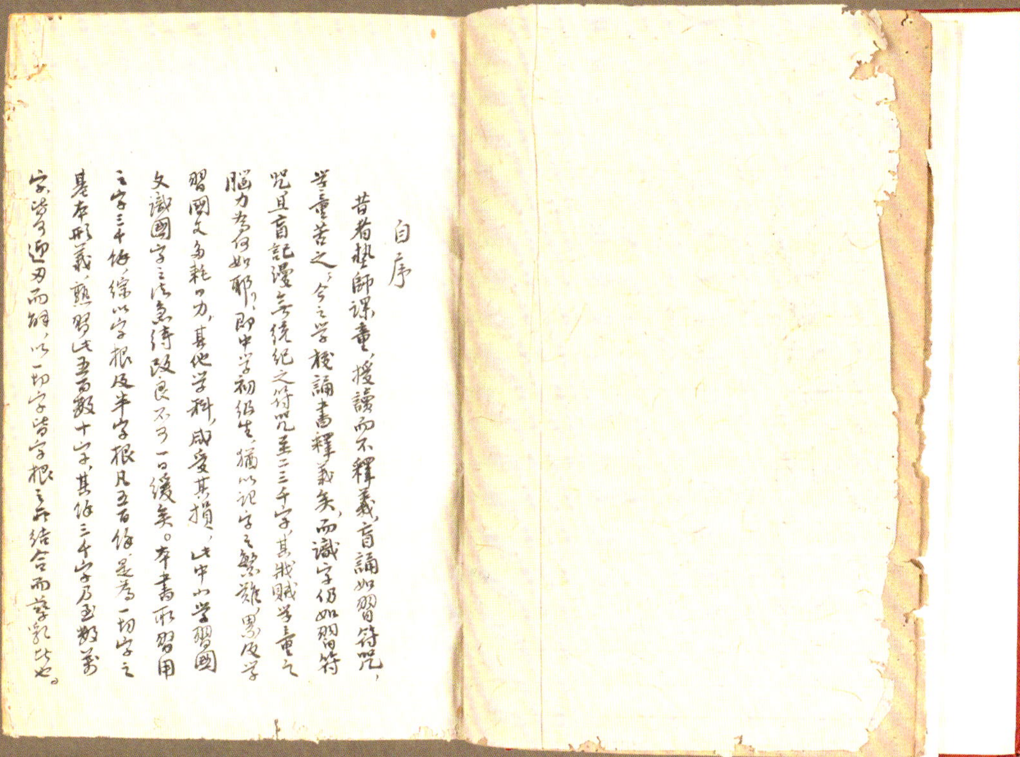
自序

昔者塾師課童，授讀而不釋義，盲誦如習符咒，學童苦之。今之學校誦書釋義矣，而識字仍如習符咒，且盲記澀無條紀之符咒至二三千字，其戕賊學童之腦力爲何如耶！即中學初級生，猶以記字之繁難，累及學習國文，多耗心力，其他學科，咸受其損，此中小學習國文識國字之法急待改良不可一日緩矣。本書所習用之字三千餘，綜以字根及半字根凡五百餘，是爲一切字之基本形義，熟習此五百數十字，其餘三千字乃至數萬字皆可迎刃而解，以一切字皆字根之所結合而孳乳者也。

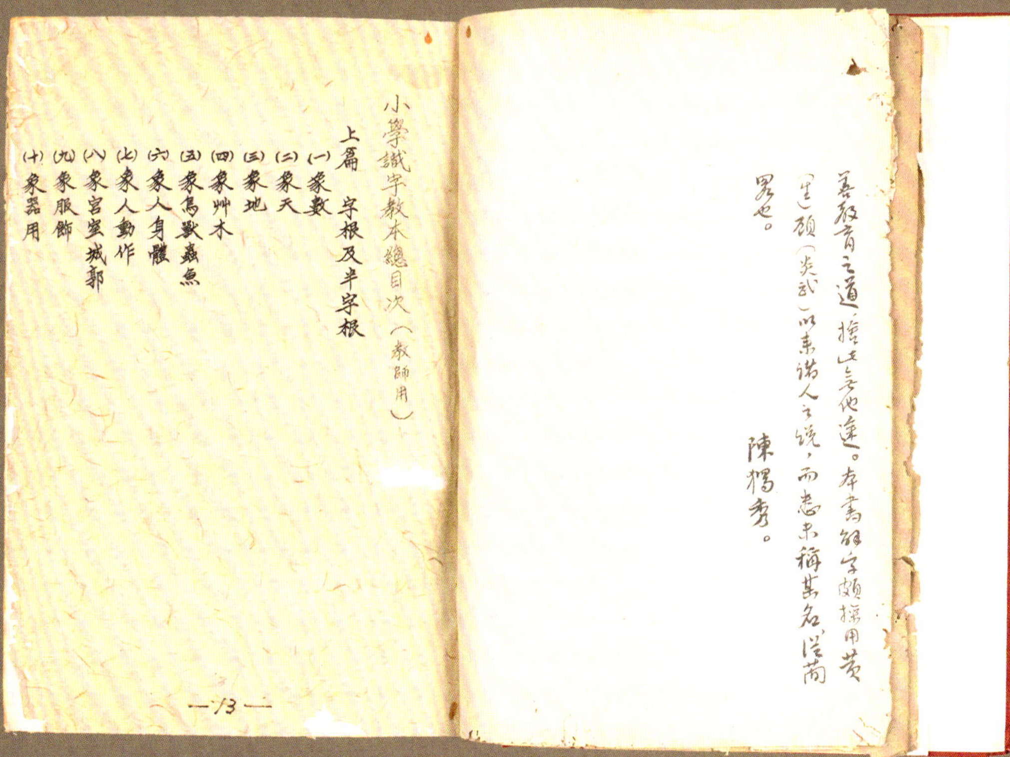
善教育之道，捨此無他途。本書解字頗採用黃(生)顧(炎武)以來諸人之說，而忘未稱其名，從簡略也。

陳獨秀。

小學識字教本總目次（教師用）

上篇　字根及半字根
(一)象數
(二)象天
(三)象地
(四)象艸木
(五)象鳥獸蟲魚
(六)象人身體
(七)象人動作
(八)象宮室城郭
(九)象服飾
(十)象器用

—13—

No. 15

冯雪峰《雪峰寓言》发排稿

年代　20世纪40至50年代

尺寸　31.2cm×16.5cm

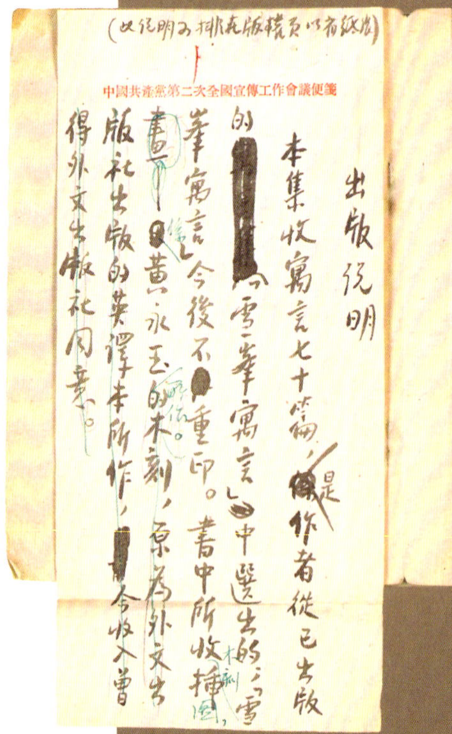
（此說明可排在版權頁以前紙背）

中國共產黨第二次全國宣傳工作會議便箋

出版說明

本集收寓言七十篇，是作者從已出版的[redacted]「雪峰寓言」中選出的。「雪峰寓言」今後不[redacted]重印。書中所收插圖，[redacted]黃永玉的木刻，原為外文出版社出版的英譯本所作，今收入曾得外文出版社同意。

藏品简介

《雪峰寓言》是中国现代寓言的奠基之作，这部作品以精练的语言、犀利的讽喻和深刻的哲理，将社会现实与人性批判融入短小精悍的寓言故事中，既延续了古典寓言的智慧传统，又赋予其鲜明的时代特征。全稿除一篇作于1952年，其余皆作于1947至1948年间，冯雪峰曾把这份手稿交由人民文学出版社发排，上面有编辑用红笔编改的痕迹。1993年人民文学出版社将其捐赠给中国现代文学馆。

兩個鹿

遇夜裏，暴風吹打着森林，森林裏有兩鹿恰好在這座森林裏過夜，牠們很恐怖。一個鹿主張馬上跑去森林，以免這一場災禍，說道：「大難臨頭了，地今燒作烈焰，那么我們即使不被焰死，也要燒成灰，我們還是趕快跑去吧，又何苦留在這樣的地方！」另一個鹿說：「外面還要可怕！夜又這樣黑，荒野裏……我們跑去哪，豈不會……外面也許好些呢，想一想都嚇人。」

鹿胆子大些，就自己衝出森林去，另一個留着，蜷縮在地上不敢動。呼呼的地叫，什么東西似的被旋轉了一會，連遠遠都失去了。那個跑去森林的鹿，落進一個溝塹裏，連意識都失去了。那個留在森林裏的鹿，遭遇這種誰也想像不到的苦難。但牠究竟倒在一個溝塹裏，懊悔不該跑出森林去，于是遭遇這種誰也想像不到的苦難。

那個留在森林裏的鹿，遭遇似乎還更慘，森林雖然被狂風吹倒，也還沒有燒起來，別的逃避是容易了，延長末日的恐怖起見的。周圍除了就要……

雪峯寓言

馮雪峯著

人民文學出版社

卷一

目次

朝霞

蛇和青蛙

空曲的老樹

農夫、麻雀和雲雀

獅子、老虎和……

木匠和森林和樹

大山的……

大河……

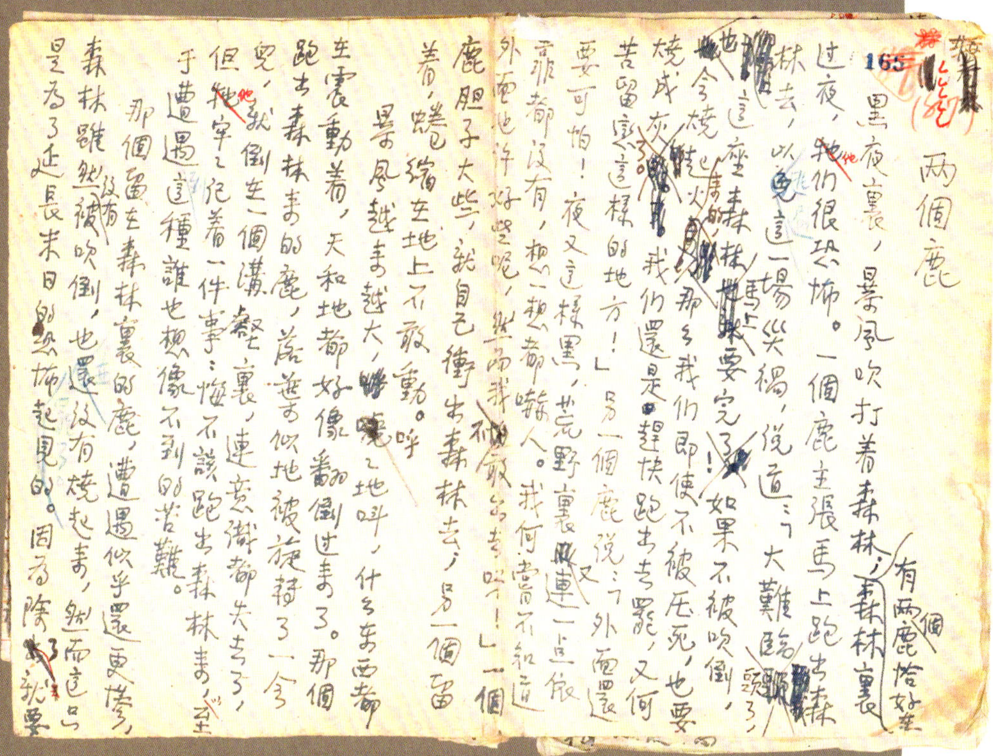

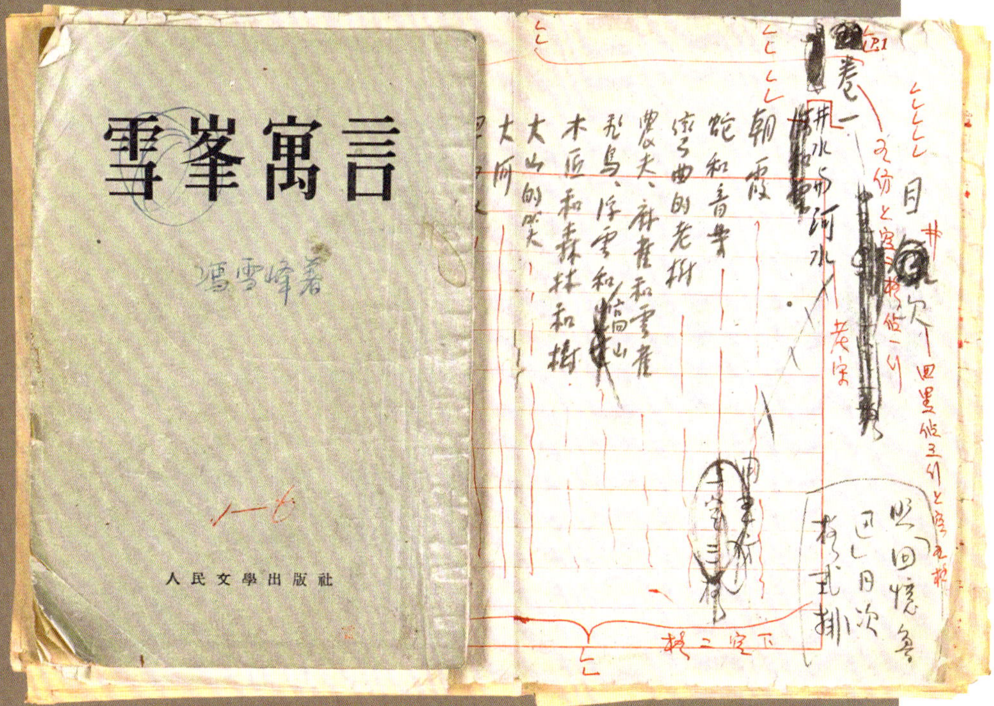

No. 16

凤子《名人题签本》

年代 20世纪40年代末至80年代

尺寸 15.5cm × 12.5cm

藏品简介

1949年中华人民共和国成立后，凤子参加历届文（作）代会都会请名家题签。到20世纪80年代，收录了多位名家签名，并结集成这部173页的名人题签纪念本。这册题签本不仅是名人手迹的集合，更是一部浓缩的中国现当代文学交往史，以笔墨为纽带，串联起几代文学名家的精神世界。透过这些泛黄的纸页、斑驳的笔迹，在题签的方寸间，让我们感受到作家们对文学的热爱与时代的回响。该题签本一直由凤子珍藏，于1994年捐赠给中国现代文学馆。

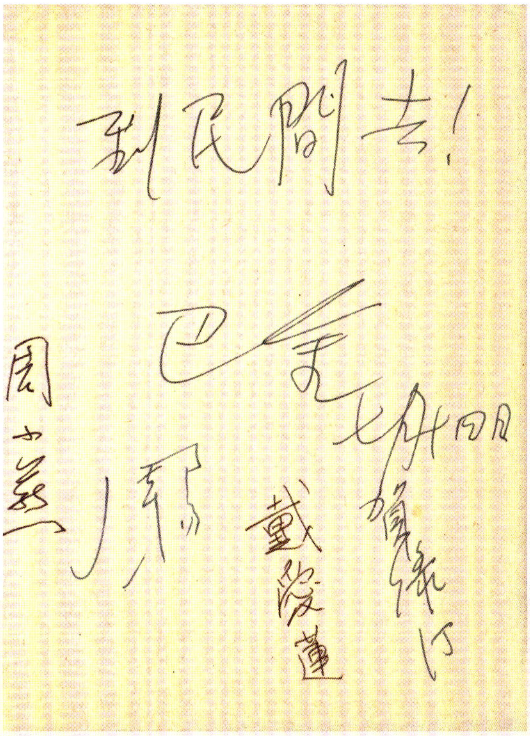
到民間去！
巴金 七卅四日
賀綠汀
戴愛蓮
丁聰
周小燕

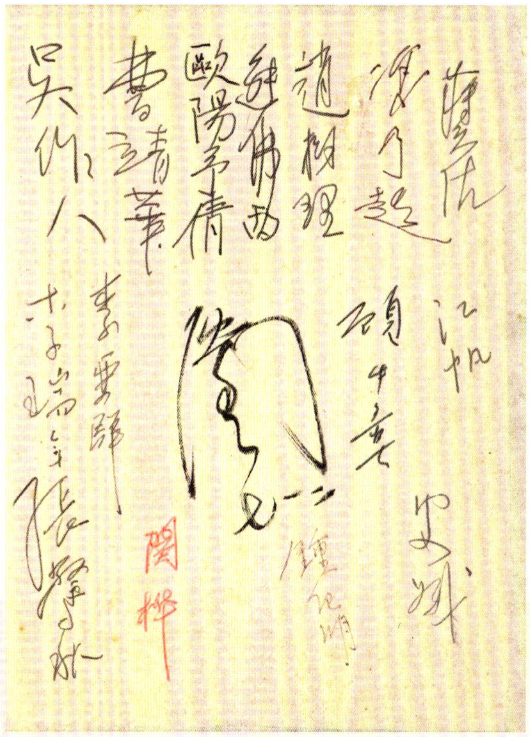
黃佐臨
趙樹理
歐陽予倩
曹靖華
吳作人

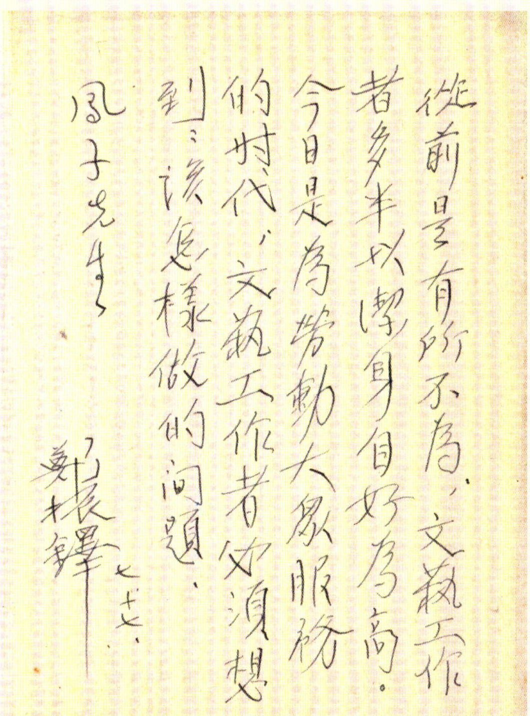
從前是有所不為，文藝工作者多半以潔身自好為高。今日是為勞動大衆服務的時代，文藝工作者必須想到，該怎樣做的問題。
鳳子先生
鄭振鐸 七、廿七、

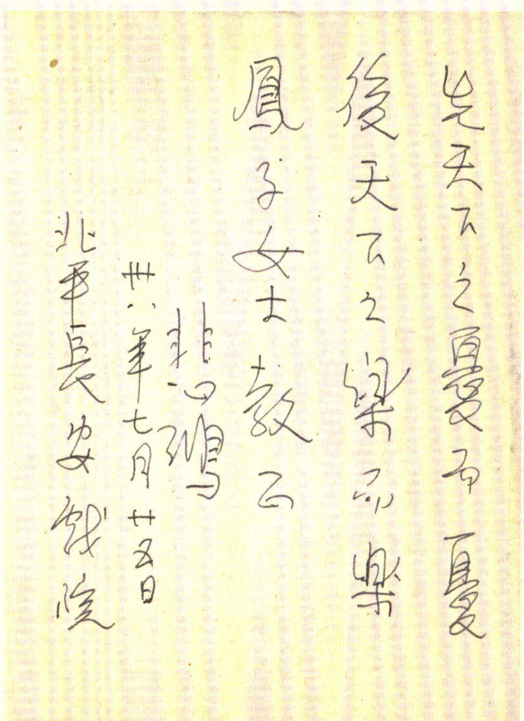
先天下之憂而憂
後天下之樂而樂
鳳子女士教正
悲鴻
卅八年七月廿五日
北平長安飯店

No. 17

巴金

《保卫世界和平签名本》

年代　1950年

尺寸　15.8cm × 10.8cm

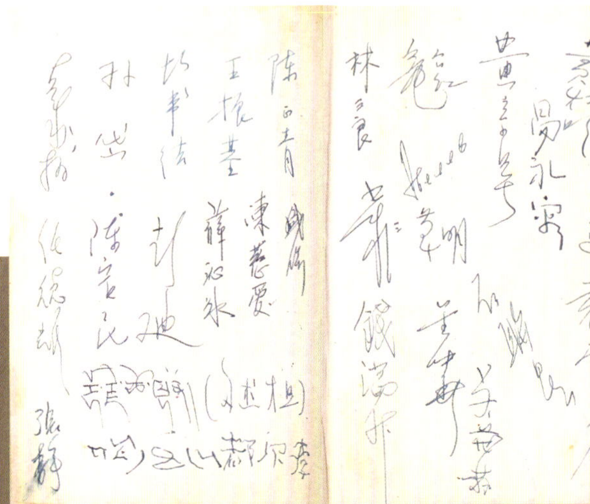

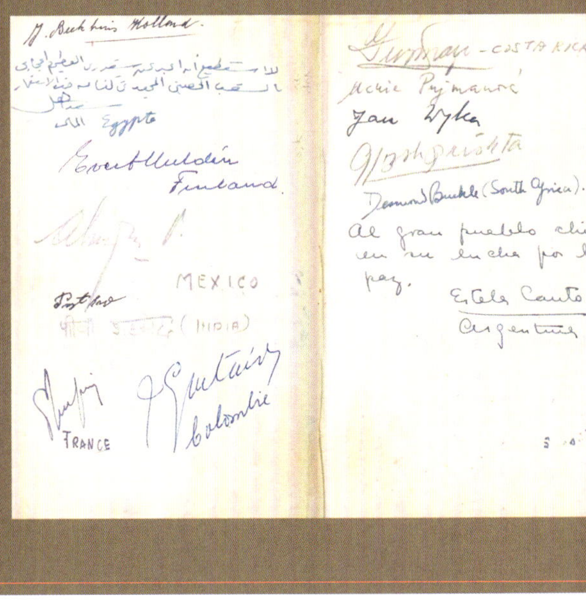

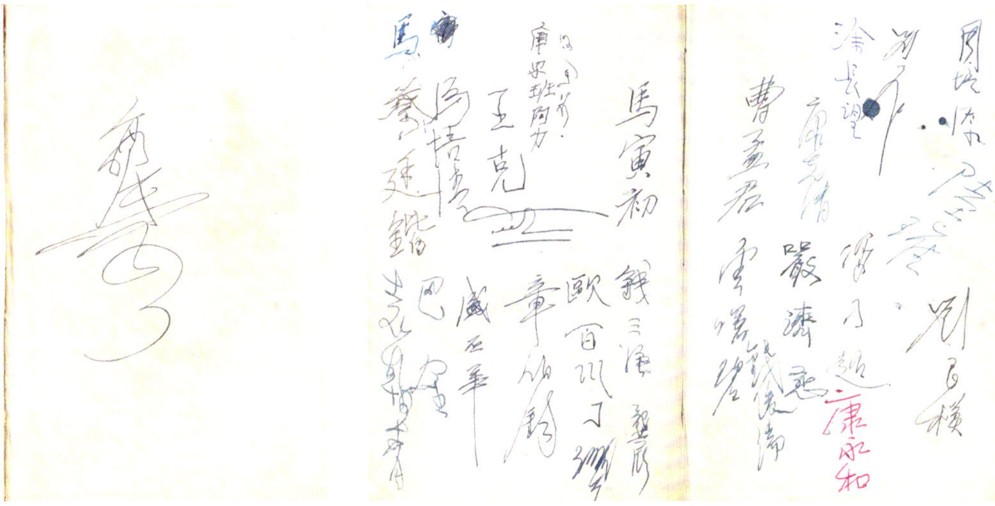

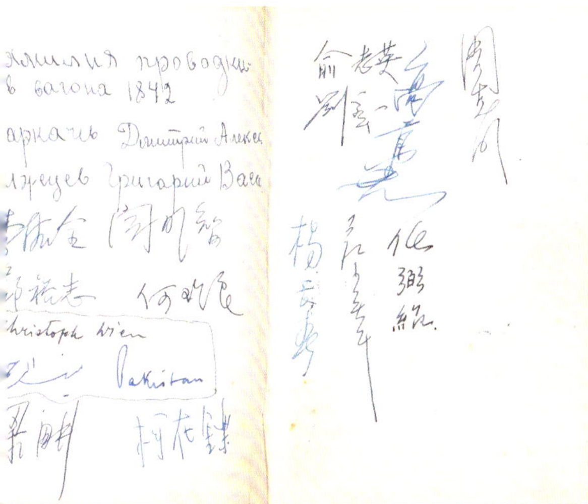

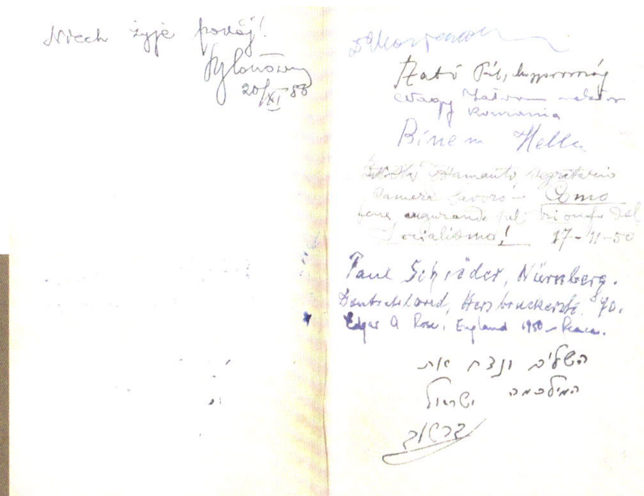

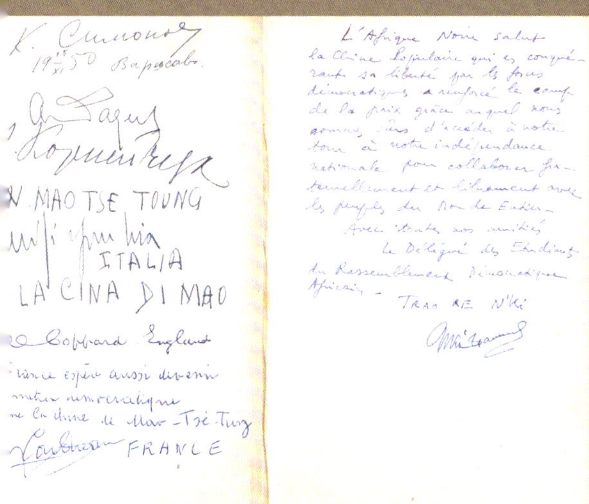

藏品简介

这本签名册是巴金1950年参加保卫世界和平大会时邀请名家签名留言的题签本。1950年11月16日，巴金作为新中国首批文化使者之一，赴华沙参加第二届保卫世界和平大会。会议期间，巴金手持这本册子，邀请各国代表、文学家、艺术家留下签名与寄语。这些笔墨交织的痕迹，不仅是友谊的见证，更凝聚着跨越国界的和平共识。签名本一直由巴金珍藏，1994年巴金将其捐赠中国现代文学馆。

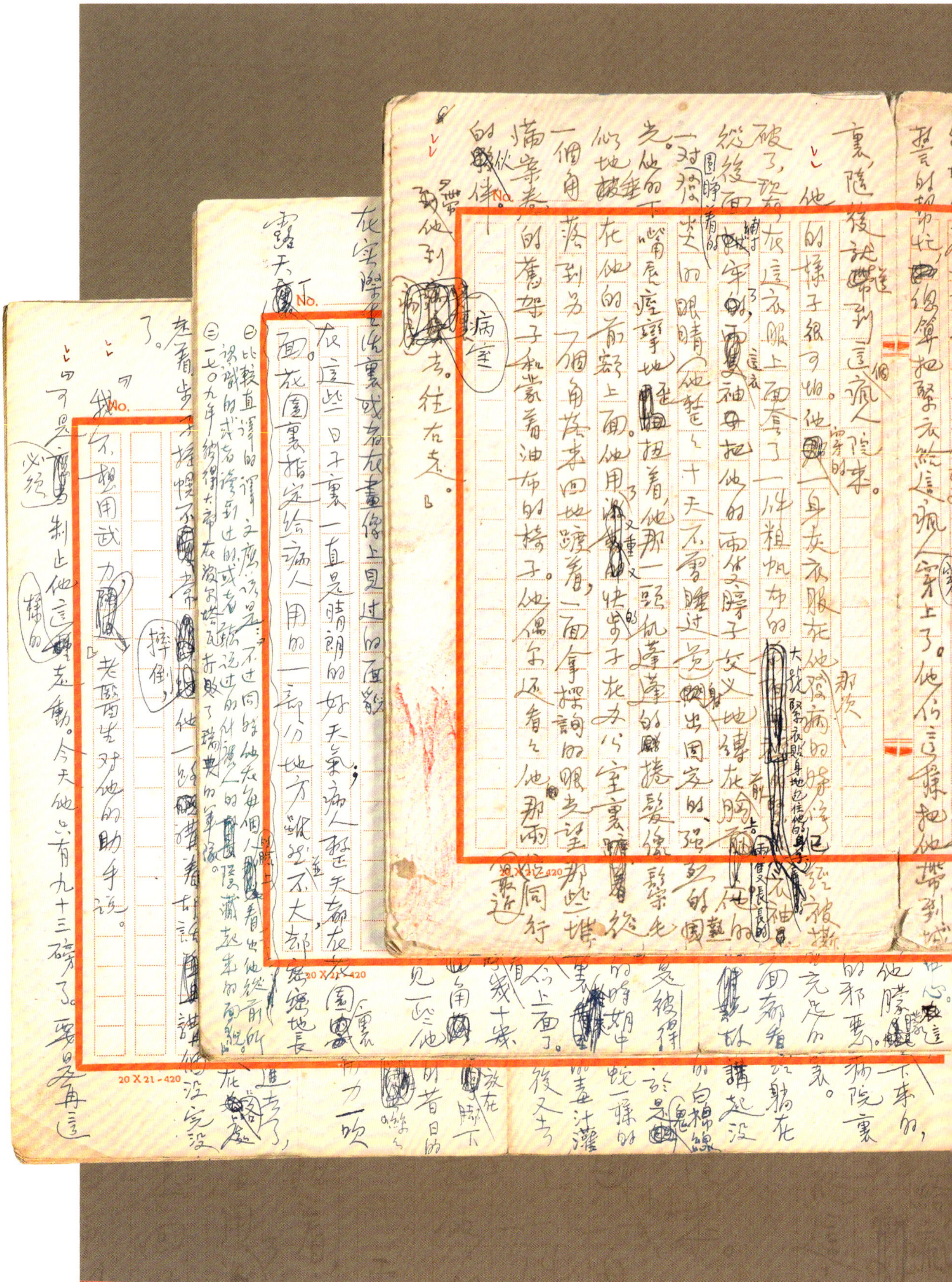

No. 18

巴金《红花》译稿

年代　1950年

尺寸　21.6cm×26cm

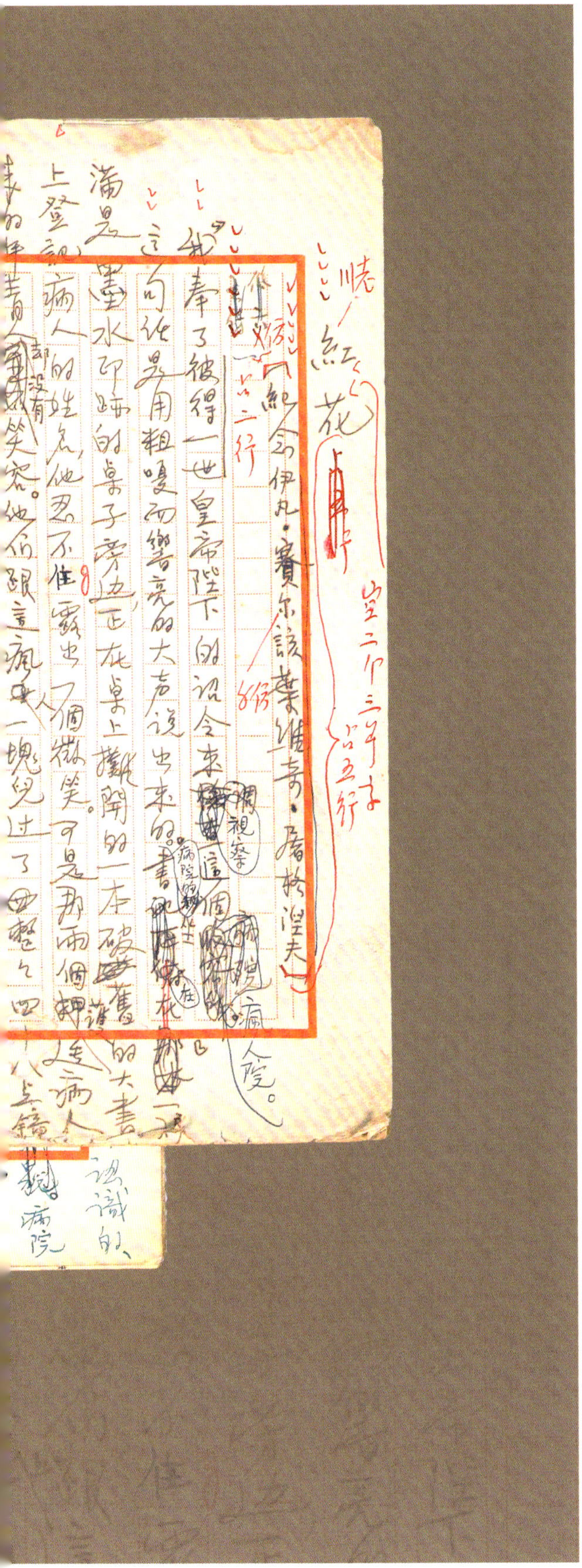

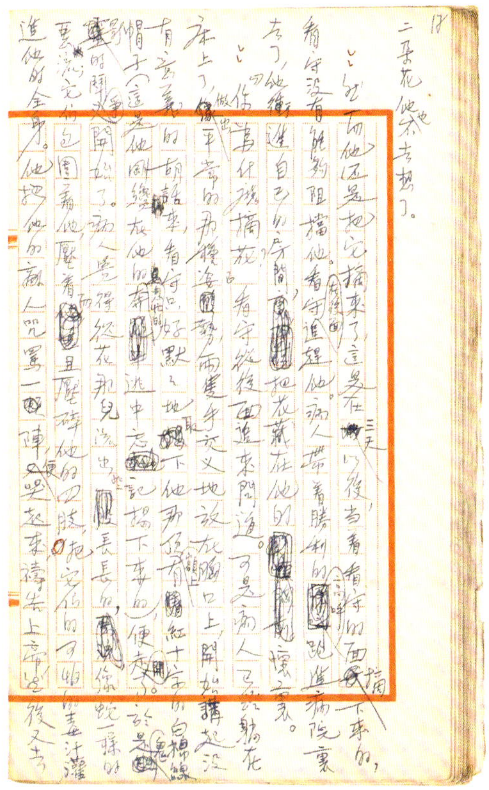

藏品简介

《红花》是俄国作家迦尔洵的短篇小说集，表达了向往自由、为消灭社会邪恶势力而献身的精神。《红花》是巴金的经典译作，这部手稿为巴金1950年翻译完成的原稿。1950年11月，《红花》作为〝世界文学丛书〞之一由上海出版公司出版，出版后手稿又回到巴金手中，1986年巴金将这部手稿捐赠给中国现代文学馆。

No. 19

巴金

《朝鲜前线采访笔记本》

年代　1952年

尺寸　22cm × 17cm

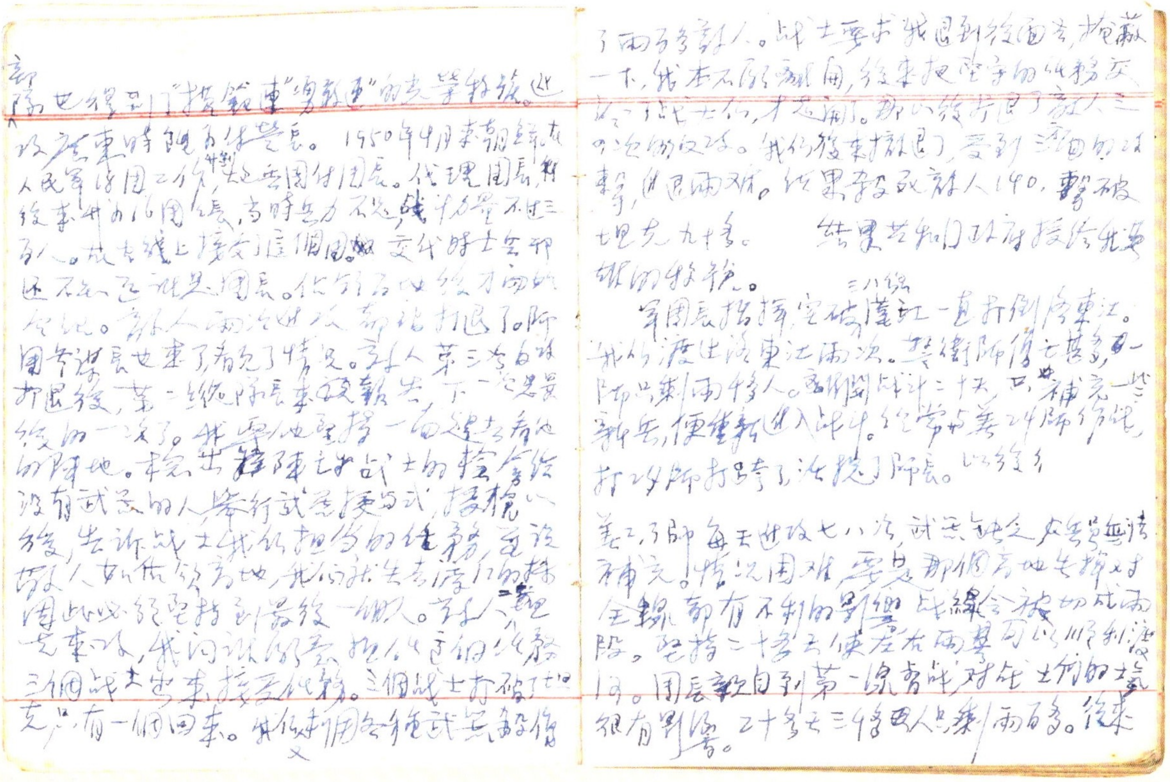

藏品简介

巴金《朝鲜前线采访笔记本》三本，共964页。这三本笔记是巴金1952年在朝鲜抗美援朝前线的采访笔记，其中不仅包含前线战士的英勇事迹、战地生活的真实细节，还记录了其与志愿军官兵、朝鲜民众的对话，堪称『战地档案』，具有极为重要的史料价值。这三本笔记一直由巴金珍藏，1999年巴金将其捐赠给中国现代文学馆。

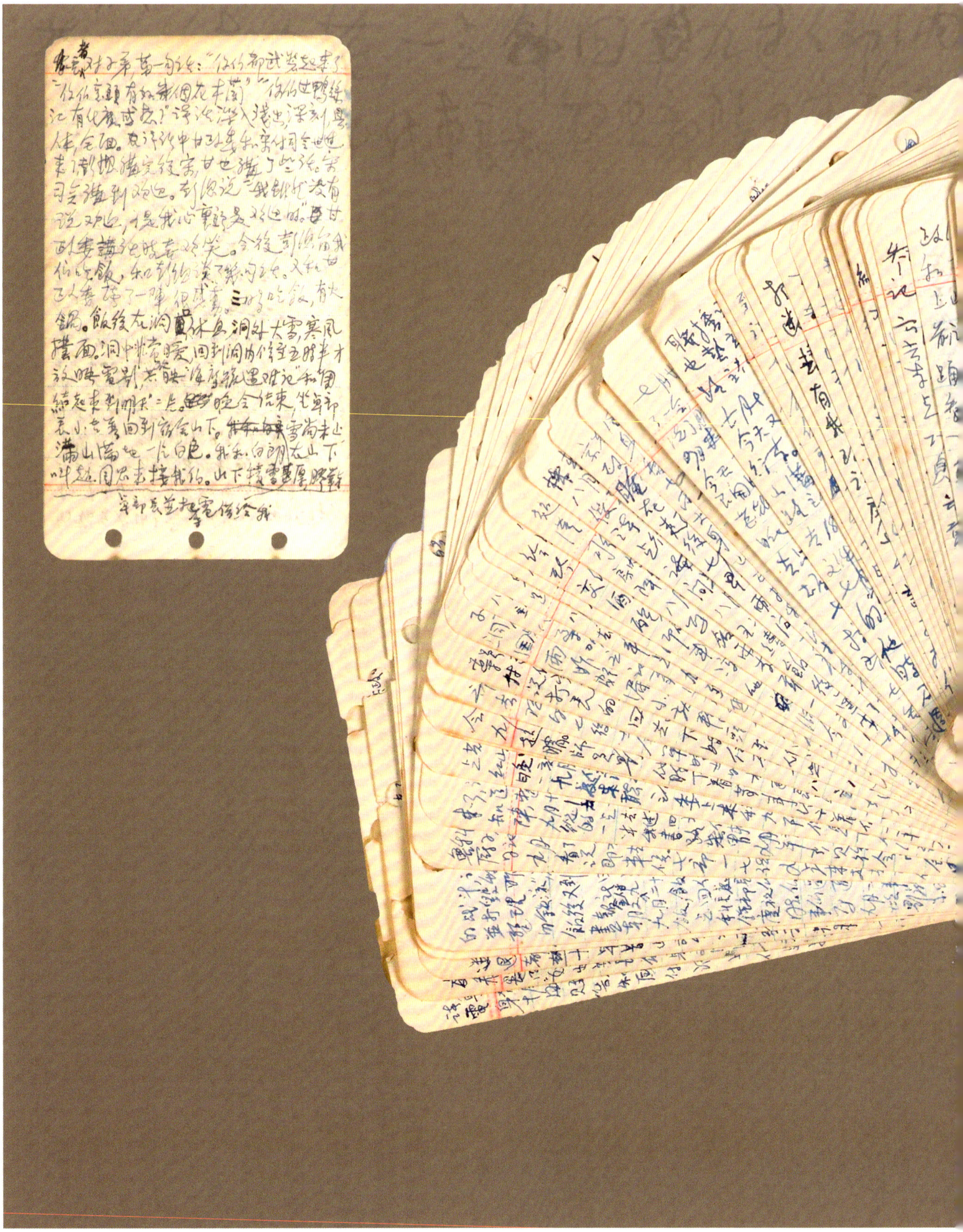

No. 20

巴金
《赴朝日记》手稿

年代 1952年至1954年

尺寸 12cm×7.5cm

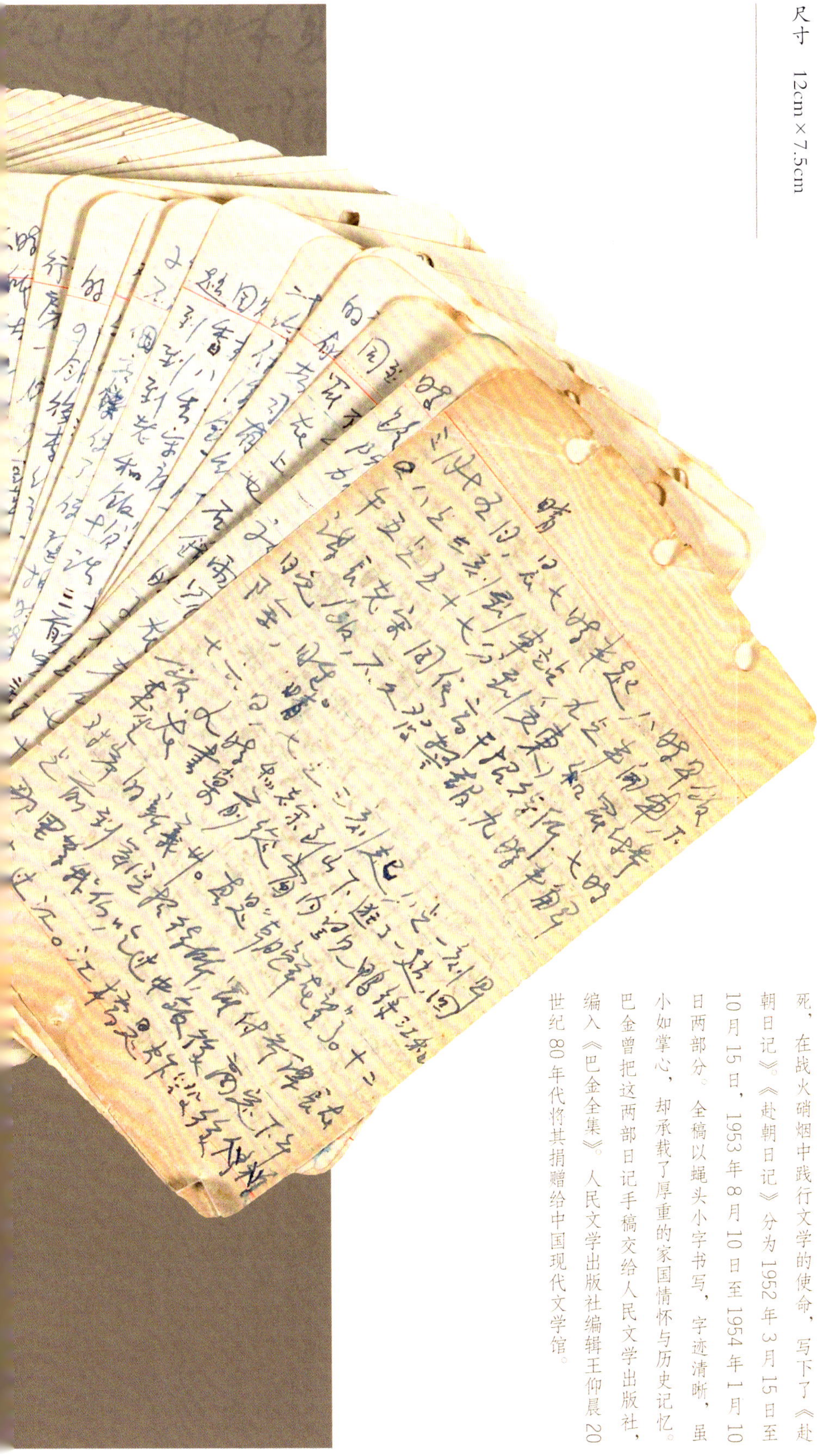

藏品简介

1952年3月至10月和1953年8月至1954年1月，巴金作为团长两次带领由文学艺术家组成的访朝代表团奔赴朝鲜前线，慰问英勇的志愿军战士。在战火纷飞的300多天中，他挥笔如剑，用文字镌刻下志愿军战士的英勇与时代的壮阔；亲历生死，在战火硝烟中践行文学的使命，写下了《赴朝日记》。《赴朝日记》分为1952年3月15日至10月15日，1953年8月10日至1954年1月10日两部分。全稿以蝇头小字书写，字迹清晰，虽小如掌心，却承载了厚重的家国情怀与历史记忆。巴金曾把这两部日记手稿交给人民文学出版社，编入《巴金全集》。人民文学出版社编辑王仰晨20世纪80年代将其捐赠给中国现代文学馆。

No. 21

杜鹏程《保卫延安》手稿

年代　1950年至1954年

尺寸　26cm × 37cm

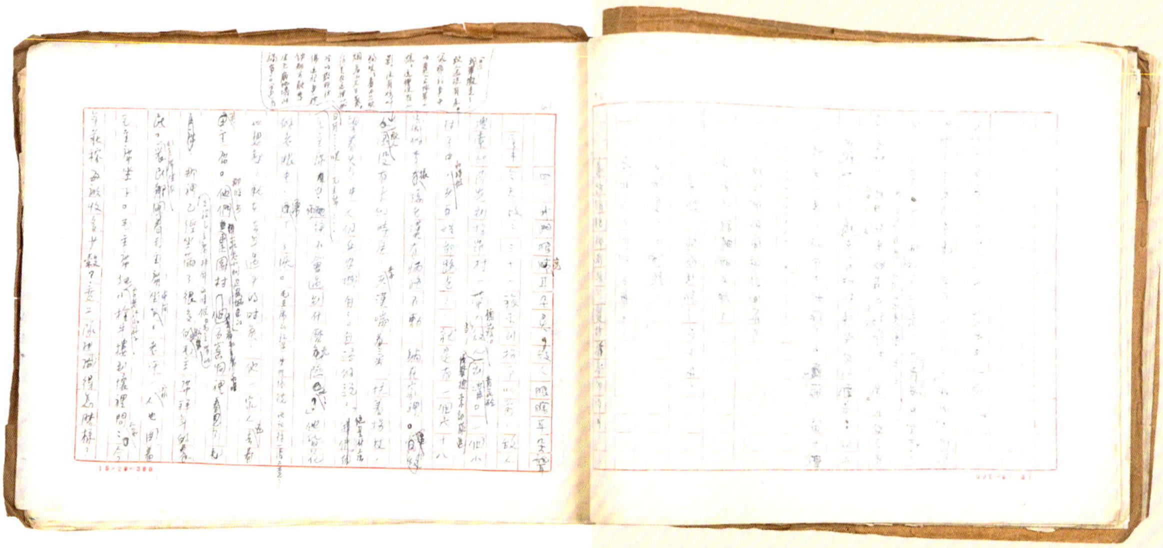

藏品简介

《保卫延安》是中华人民共和国成立后第一部大规模正面描写解放战争的作品。杜鹏程自1950年初正式动笔，历经5个月写出了一部上百万字的报告文学初稿，后又历时4年经9次大的删改，最终改写为30多万字的长篇小说，于1954年7月由人民文学出版社出版。这部作品是『十七年红色文学』的经典代表作品之一。小说手稿一直由杜鹏程珍藏，其夫人张文彬于1993年捐赠给中国现代文学馆。

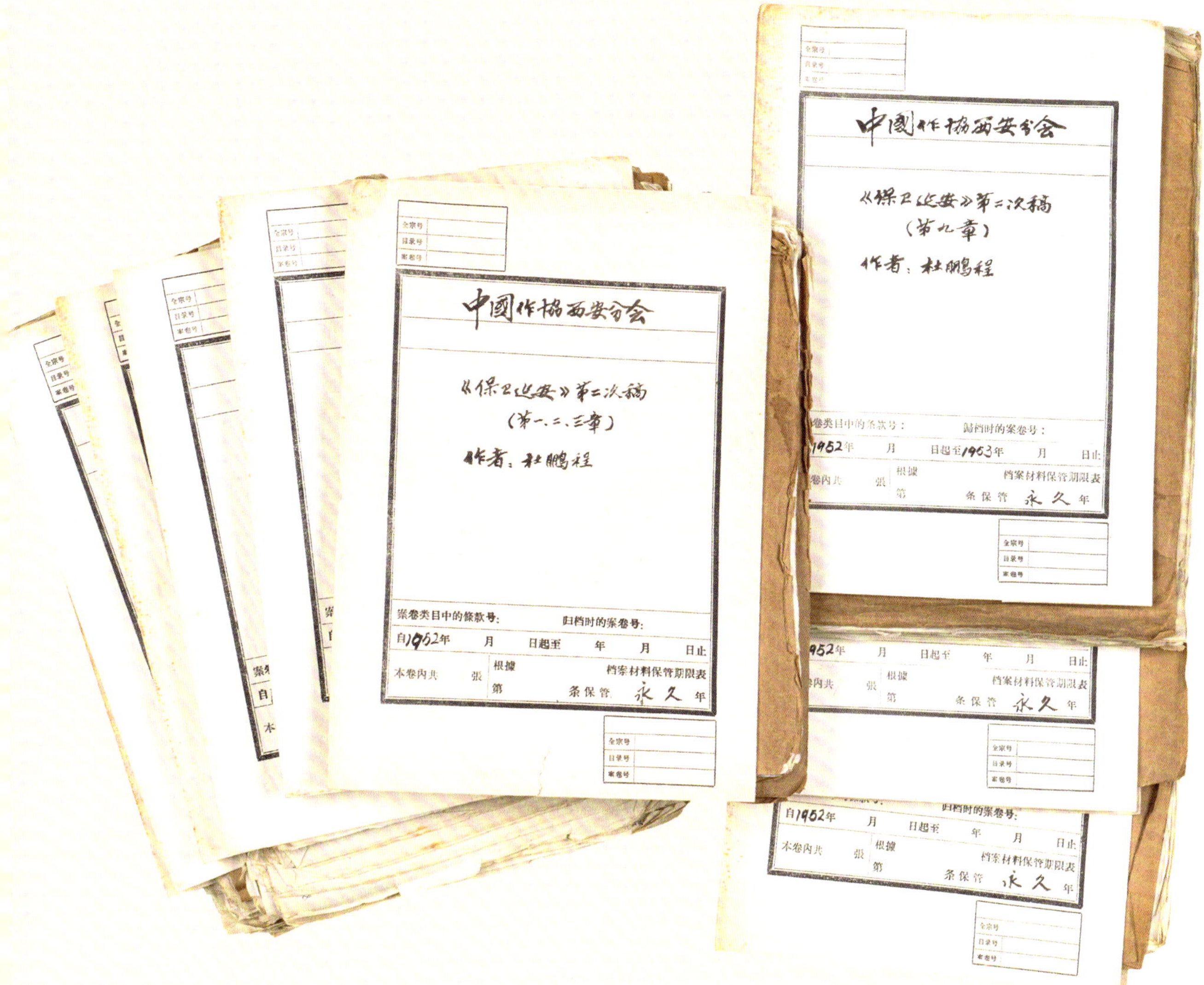

中國作协西安分会
《保卫延安》第二次稿
（第一、二、三章）
作者：杜鹏程
案卷类目中的條款号：
归档时的案卷号：
自1952年 月 日起至 年 月 日止
本卷内共 張
根據 档案材料保管期限表 第 条保管 永久 年
中國作协西安分会
《保卫延安》第二次稿
（第九章）
作者：杜鹏程
自1952年 月 日起至1953年 月 日止

No. 22

杨沫《青春之歌》手稿

年代　1951年至1957年

尺寸　36.1cm×27cm

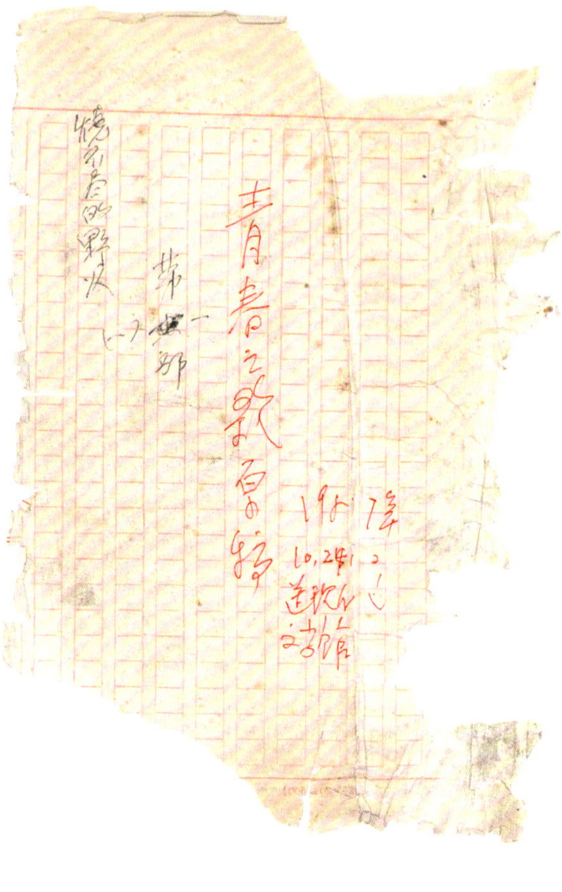

藏品简介

《青春之歌》是杨沫根据自己的生活经历创作的一部『自传体』长篇小说。经过一年多的酝酿，1951年9月，杨沫正式开始《青春之歌》的创作，到1952年底完成了20万字的初稿。其间，杨沫被调到中央电影局剧本创作所担任编剧，从事专业创作。经过6年反复打磨，1957年《青春之歌》终于全部完成。小说初名为《千锤百炼》，后改为《烧不尽的野火》，最终在出版时定名为《青春之歌》，1958年由作家出版社出版。1959年被改编为同名电影，上映后获得巨大成功。之后杨沫吸收了读者的一些意见，用时3个月，又进行了一次修改，并增加了11章，全书累计40余万字，于1960年由人民文学出版社再版。这部手稿一直由杨沫本人珍藏，1987年杨沫将这部手稿及其版权捐赠给中国现代文学馆。

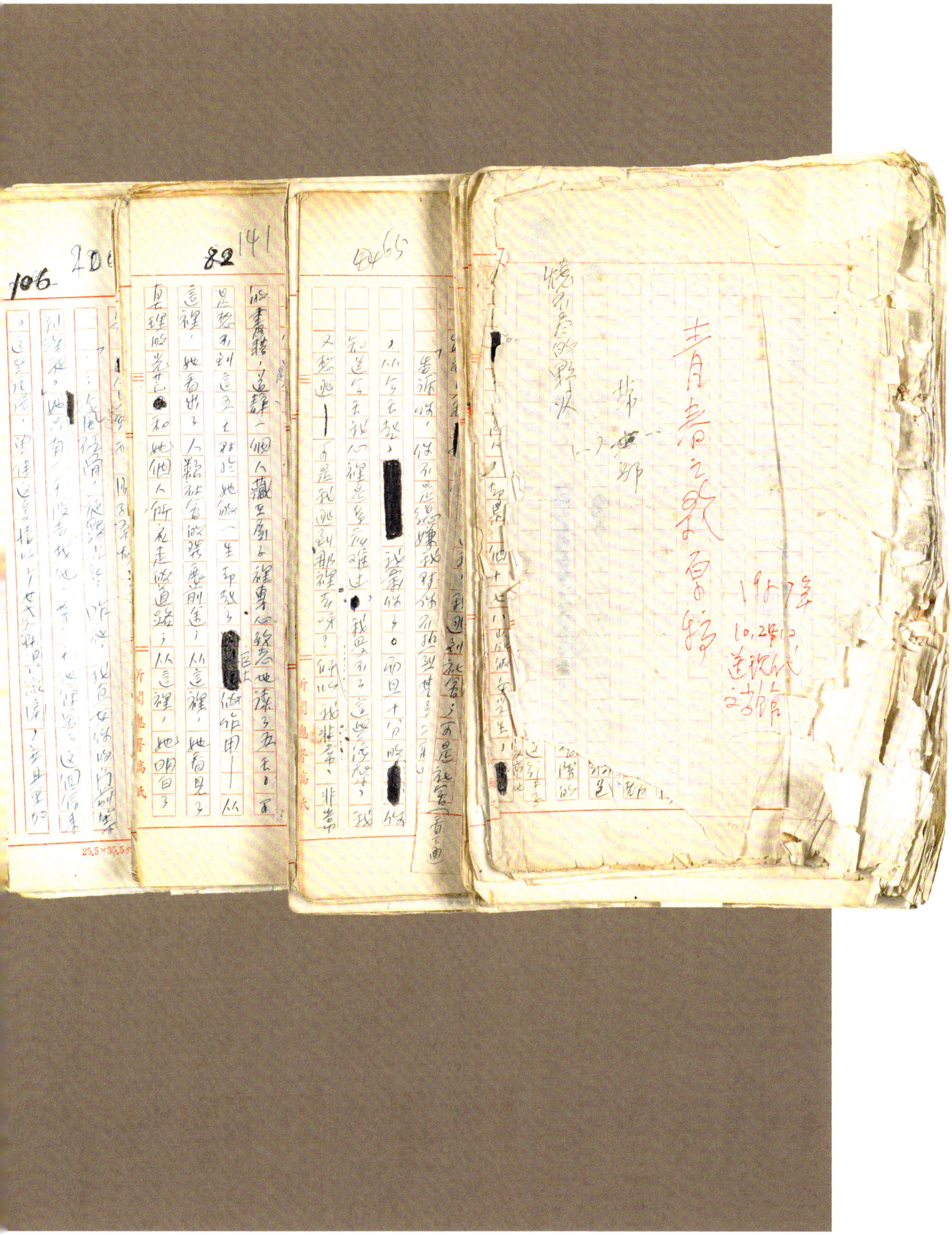
青春之歌原稿

No. 23

梁斌
《红旗谱》手稿

年代 1953年至1956年
尺寸 25.5cm×34cm

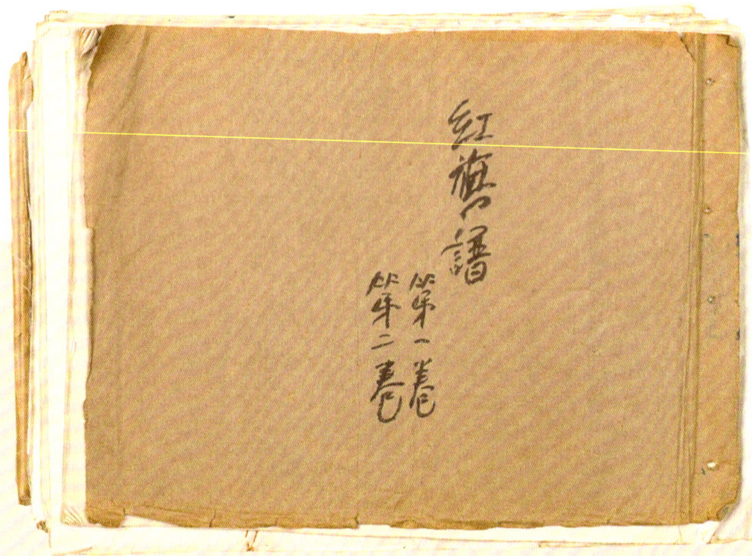

藏品简介

这是梁斌长篇小说《红旗谱》的原稿。1953年，梁斌开始构思长篇小说《红旗谱》，1956年完成。为了使《红旗谱》具有历史真实感，他不仅亲自体验农村土改，还多次拜访当事人并重游革命故地，了解到更多关于『反割头税运动』和保定『二师学潮』的史实。该作品被认为是『一部革命斗争的史诗』『中国当代文学史上里程碑式的作品』。该手稿一直由梁斌珍藏，1986年梁斌将其捐赠给中国现代文学馆。

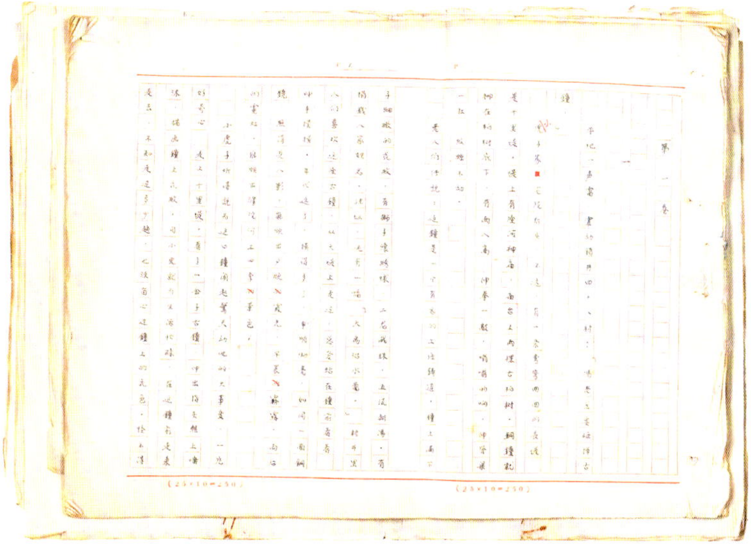

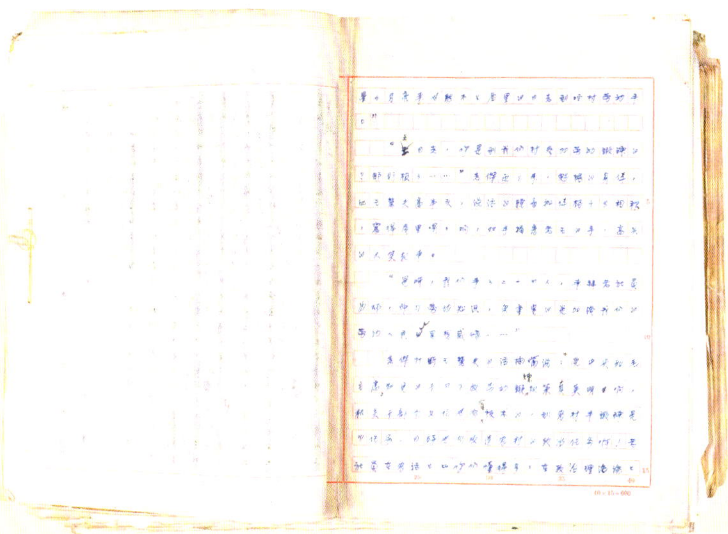

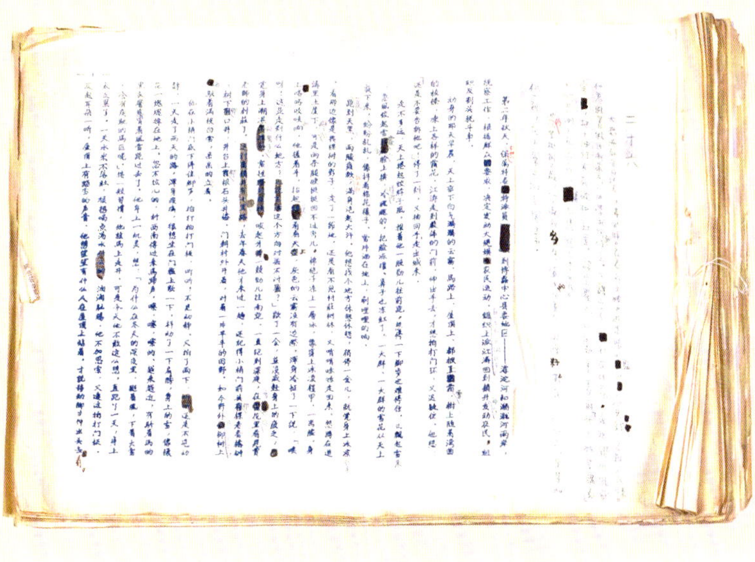

No. 24

李季《玉门诗抄》手稿

年代 1955 年
尺寸 26.5cm × 37.8cm

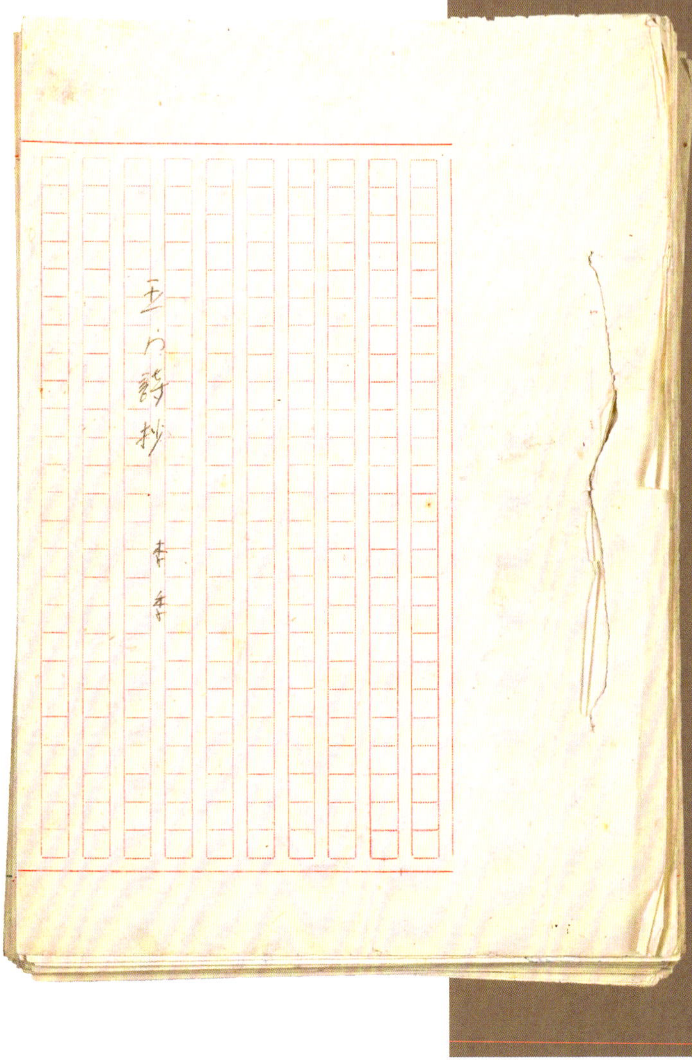

藏品简介

《玉门诗抄》是李季的重要短诗集，也是新中国石油文学的代表性作品，手稿创作完成于 1955 年，共收录李季石油题材诗 25 首，诗人以凝练的文字描绘了玉门石油工人投身新中国工业建设的精神风貌，刻画出新中国石油产业的发展、中国人民热切盼望祖国越来越好的期望与信心。可谓『工业题材的诗意表达，时代精神的文学镜像』。这部手稿一直由人民文学出版社珍藏，1992 年人民文学出版社将其捐赠给中国现代文学馆。

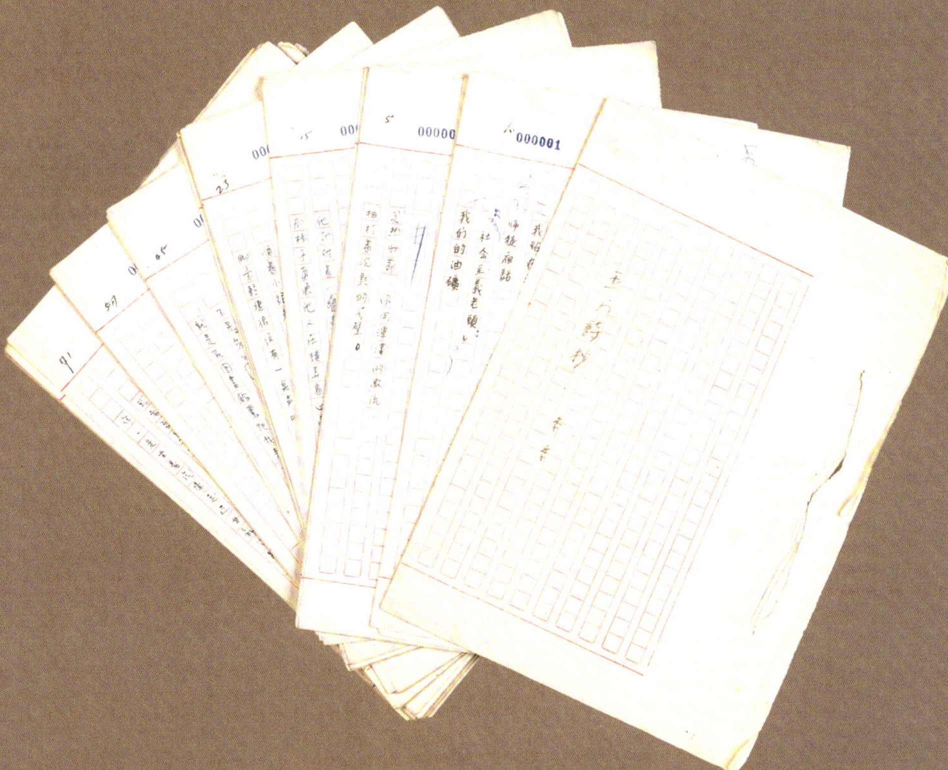

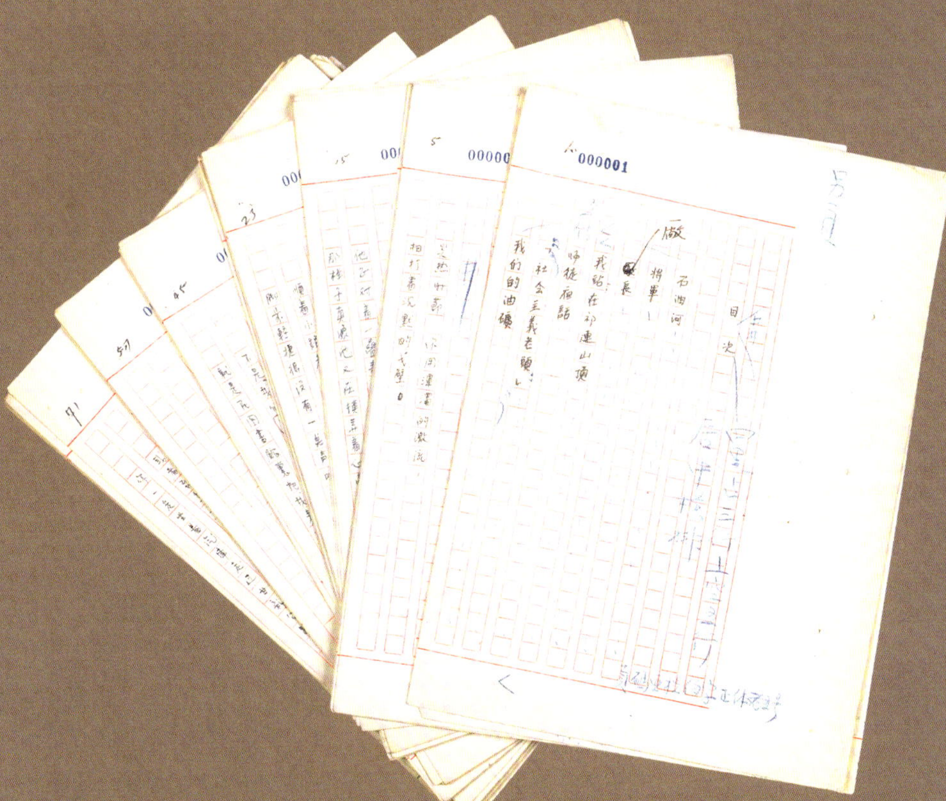

No. 25

曲波

《林海雪原》手稿

年代　1955年至1956年

尺寸　25.5cm×34.5cm

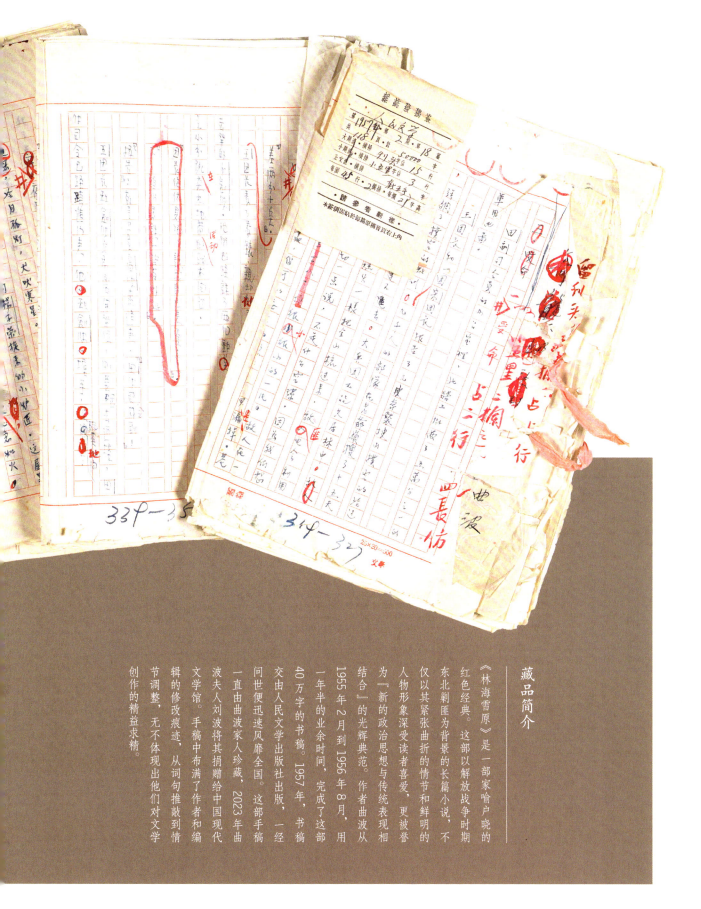

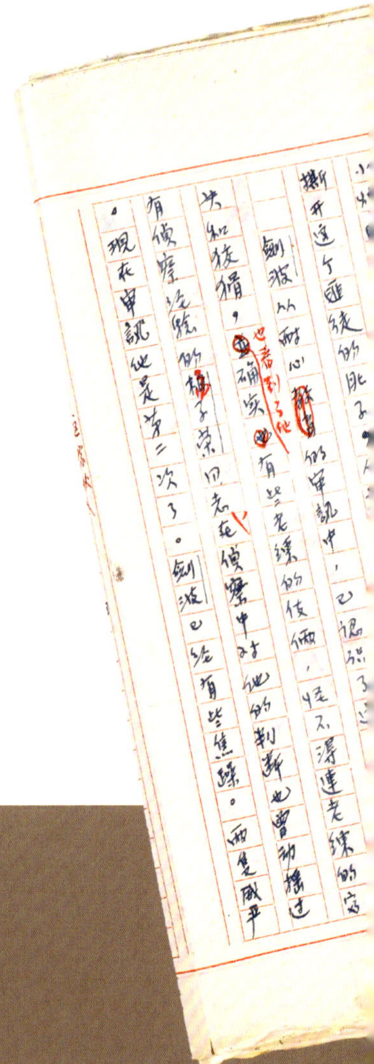

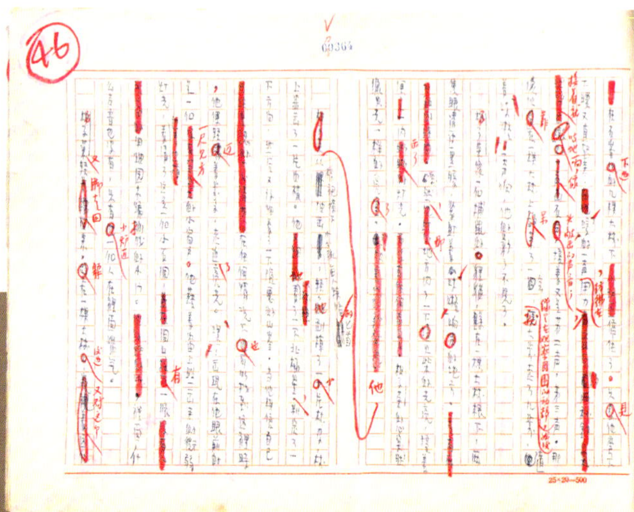

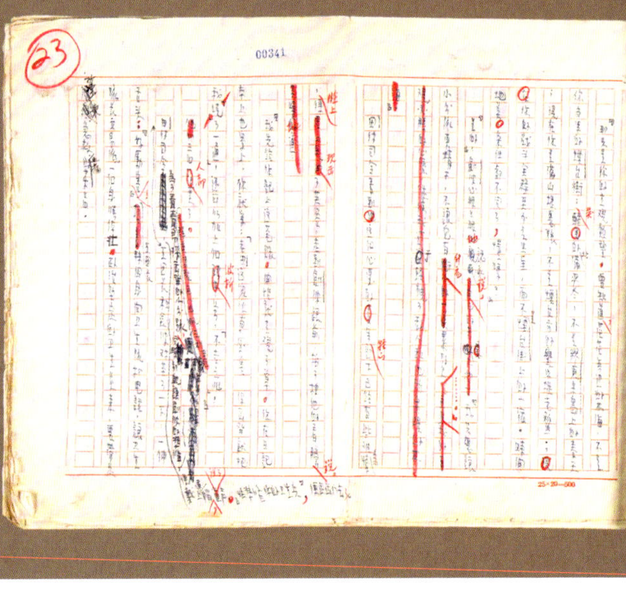

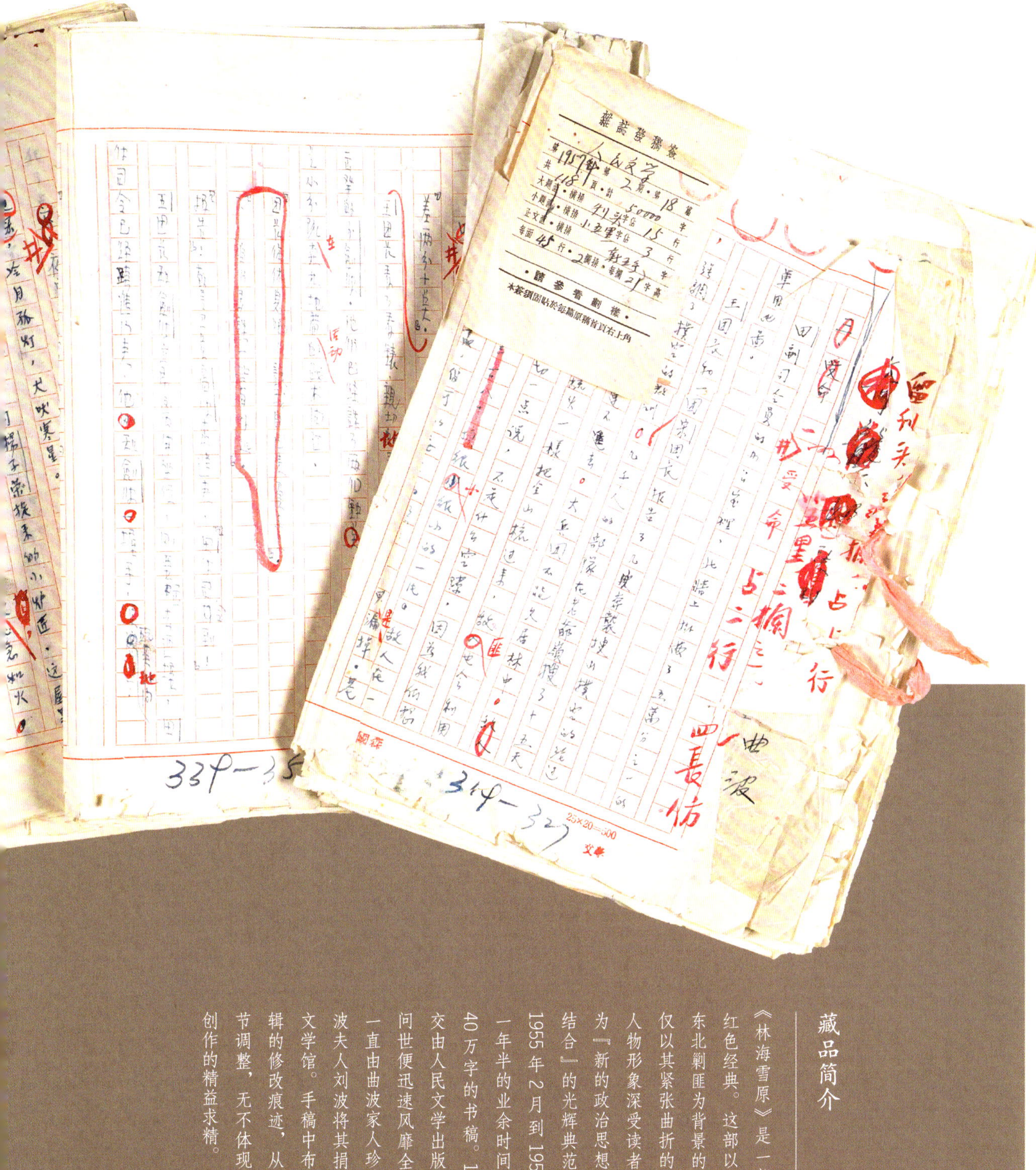

藏品简介

《林海雪原》是一部家喻户晓的红色经典。这部以解放战争时期东北剿匪为背景的长篇小说，不仅以其紧张曲折的情节和鲜明的人物形象深受读者喜爱，更被誉为『新的政治思想与传统表现相结合』的光辉典范。作者曲波从1955年2月到1956年8月，用一年半的业余时间，完成了这部40万字的书稿。1957年，书稿交由人民文学出版社出版，一经问世便迅速风靡全国。这部手稿一直由曲波家人珍藏，2023年曲波夫人刘波将其捐赠给中国现代文学馆。手稿中布满了作者和编辑的修改痕迹，从词句推敲到情节调整，无不体现出他们对文学创作的精益求精。

No. 26

林杉、曹欣等著《上甘岭》电影文学剧本手稿

年代　20 世纪 50 年代

尺寸　25.2cm × 17.5cm

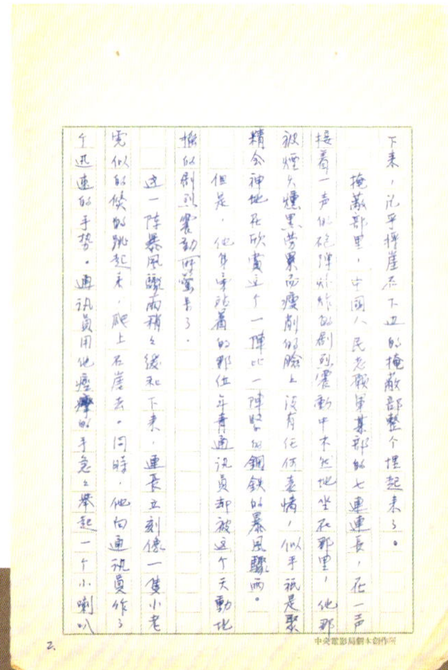
下来，几乎将崖石下边的掩蔽部整个埋起来了。

掩蔽部里，中国人民志愿军某部的七连连长，在一声接着一声的炮弹爆炸的剧烈震动中木然地坐在那里，他那被烟火熏黑劳累而瘦削的脸上没有任何表情，似乎只是聚精会神地在欣赏这个一阵比一阵紧的钢铁的暴风骤雨。

但是，他身旁站着的那位年青通讯员却被这个天动地摇的剧烈震动所惊呆了。

这一阵暴风骤雨稍稍缓和下来，连长立刻像一只小老虎似的倏的跳起来，爬上石崖去。同时，他向通讯员作了个迅速的手势。通讯员用他痉挛的手急急举起一个小喇叭

2.

中央電影局劇本創作所

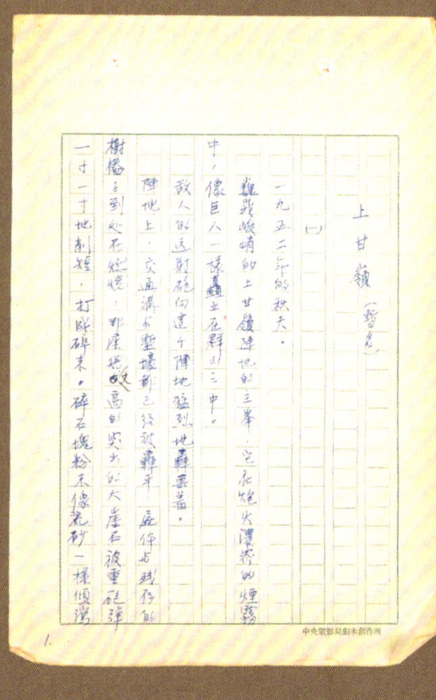
上甘嶺（暫名）

（一）

一九五二年的秋天。

巍峨峻峭的上甘嶺陣地的主峰，它在炮火濃密的烟霧中，像巨人一樣矗立在群山之中。

敵人的這射炮向這個陣地猛烈地轟擊着。

陣地上，交通溝和塹壕都已經被轟平，處處殘存的樹樁都到處在燃燒，那座很高的突出的大崖石被重炮彈一寸一寸地削矮，打成碎末，碎石塊粉末像泥沙一樣傾瀉

1.

中央電影局劇本創作所

藏品简介

1956 年，由林杉、曹欣、沙蒙、肖茅共同创作的电影文学剧本《上甘岭》被搬上银幕，震撼了国内观众。这部以抗美援朝为背景的影片，以其真实感人的叙事与磅礴的英雄气概，成为新中国电影史上的经典之作。银幕背后的英雄史诗——《上甘岭》电影文学剧本，是编剧们以真实事件为蓝本，历经数年打磨而成，它不仅是新中国电影史上的瑰宝，更是抗美援朝精神的文学表达。该剧本手稿一直由编剧曹欣保存，1995 年曹欣将这部手稿捐赠给中国现代文学馆。

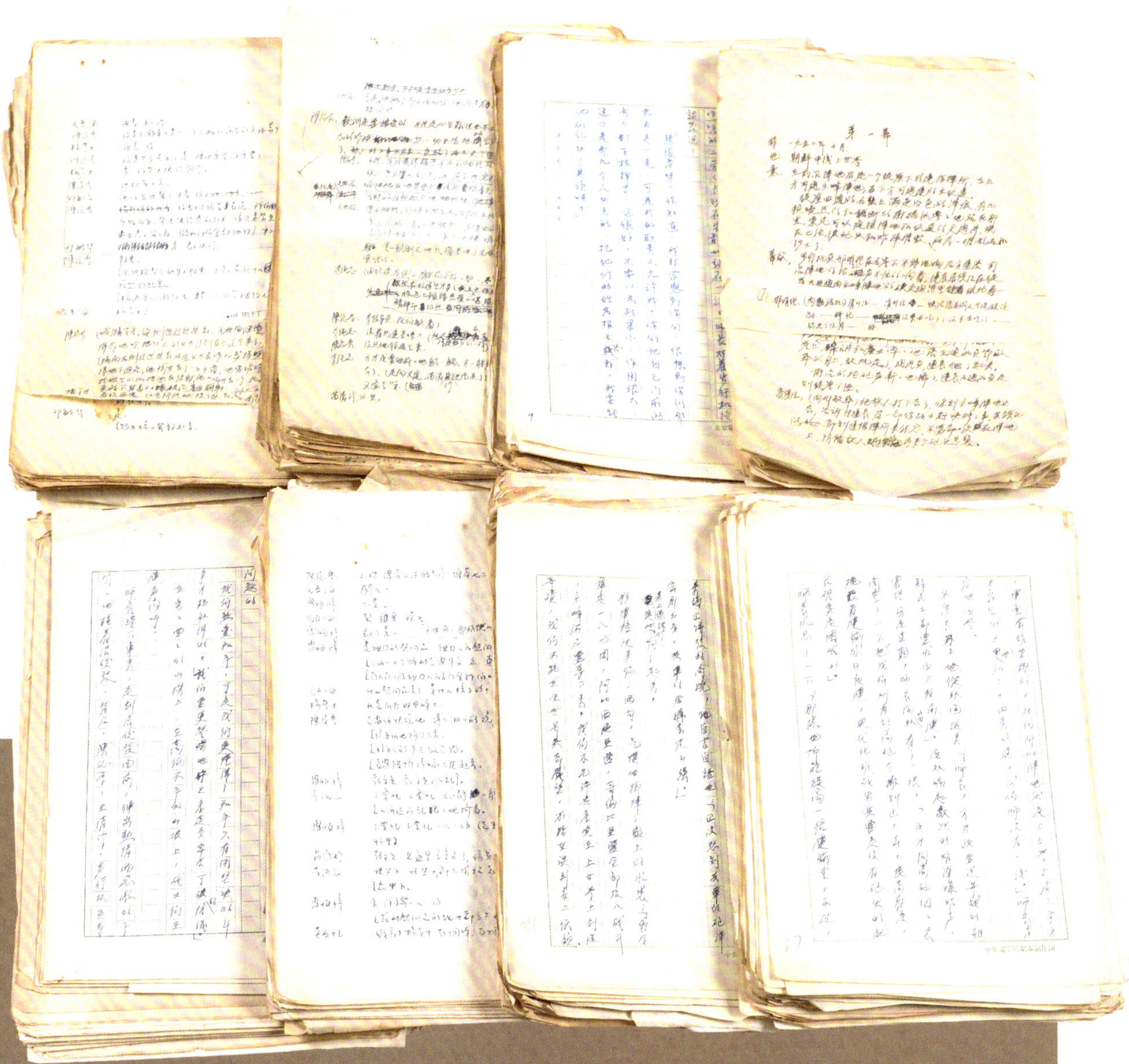

No. 27

黄谷柳
《赴朝日记》手稿

年代 20世纪50年代

尺寸 15cm×11cm

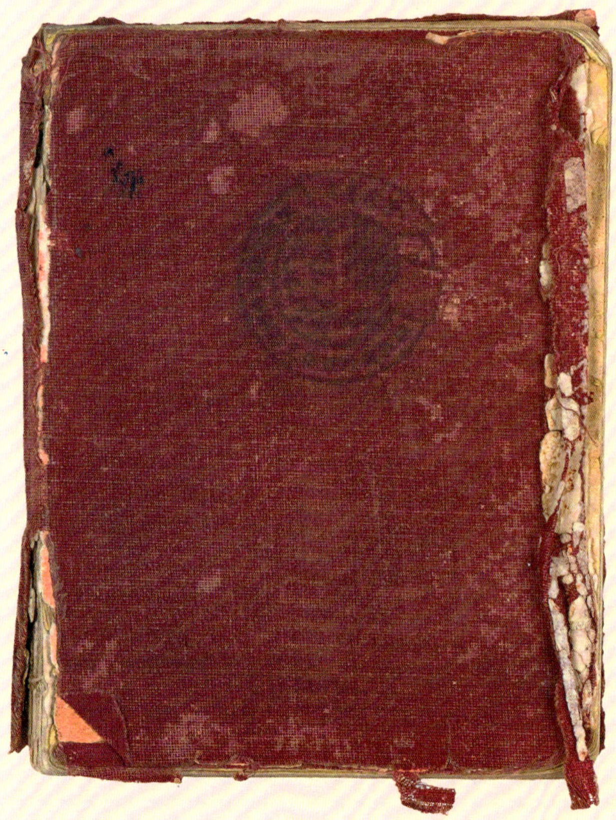

藏品简介

1952年，黄谷柳第二次以作家身份参加中国文学艺术家赴朝慰问团，与巴金等人一起深入前线采访志愿军将士。直至1953年停火协定签约后，黄谷柳才回到祖国。他拍摄了500多张记录朝鲜战争的胶片，还留存下大量的战地《日记》《笔记》和来往信札。这些珍贵资料成为战火硝烟中的文学见证与历史记忆的生动注脚。这部《赴朝日记》手稿一直由黄谷柳家人珍藏，2023年黄谷柳外孙女黄茵将其捐赠给中国现代文学馆。

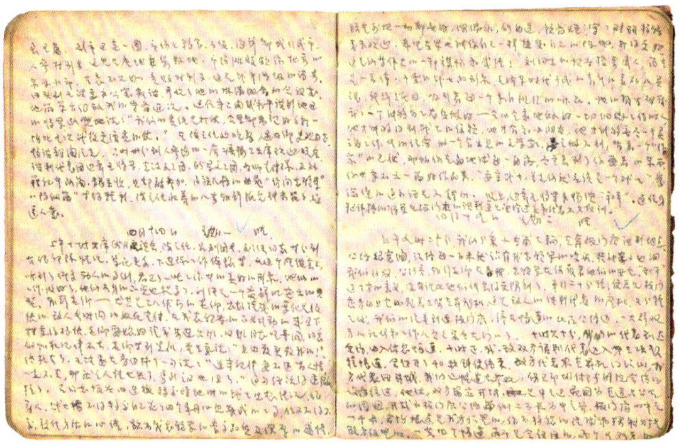

1949
中華全國文學藝術工作者代表大會
代表紀念冊
中華全國文學藝術工作者代表大會
一九四九年七月・北平

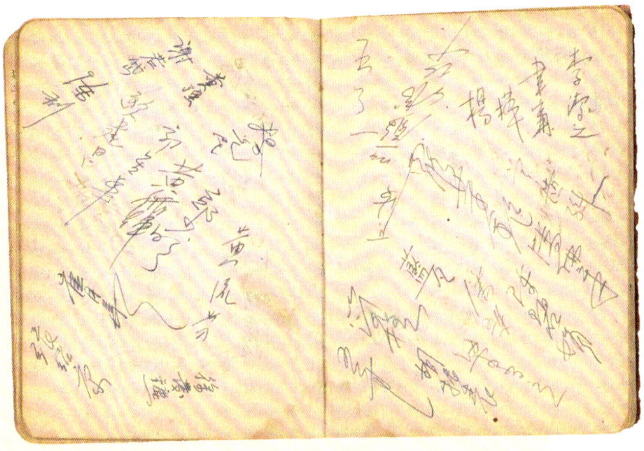

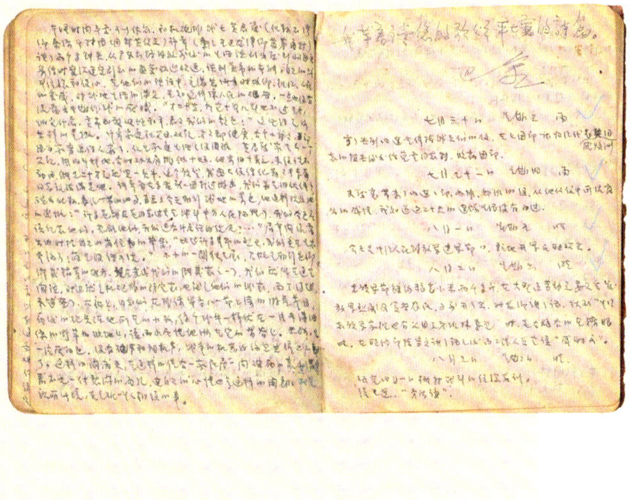

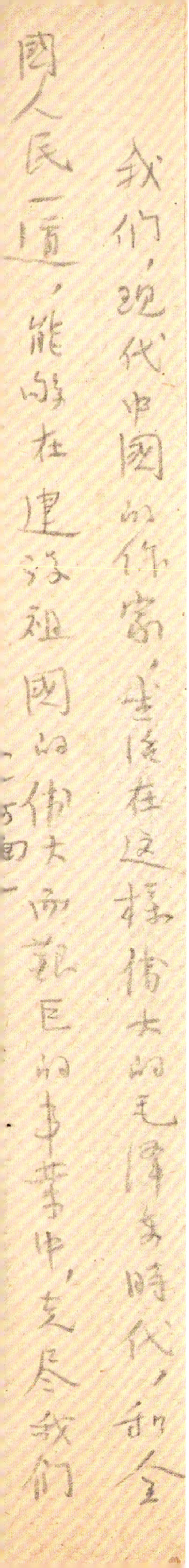
我们，现代中国的作家，生活在这样伟大的毛泽东时代，和全
國人民一道，能够在建设祖国的伟大而艰巨的事业中，尽我们

No. 28

茅盾
《新的现实和新的任务》手稿

年代　20 世纪 50 年代

尺寸　21cm×29.2cm

藏品简介

1953 年 9 月，茅盾在中国文学工作者第二次代表大会上作题为《新的现实和新的任务》报告，他全面总结了 1949 年全国文协成立以来取得的成就和存在的问题，对中华人民共和国文艺事业如何良性发展进行了极为有益的思考，在重要历史节点上，进一步坚定了『文艺为工农兵服务』的时代使命，成为新中国文艺发展的思想航标。所以，这部手稿不仅是一份历史文献，更是一盏照亮文艺发展道路的思想火炬。这部手稿一直由茅盾家人珍藏，1997 年茅盾之子韦韬将其捐赠给中国现代文学馆。

No. 29

管桦《小英雄雨来》手稿

年代 20世纪50年代

尺寸 25cm×34.5cm

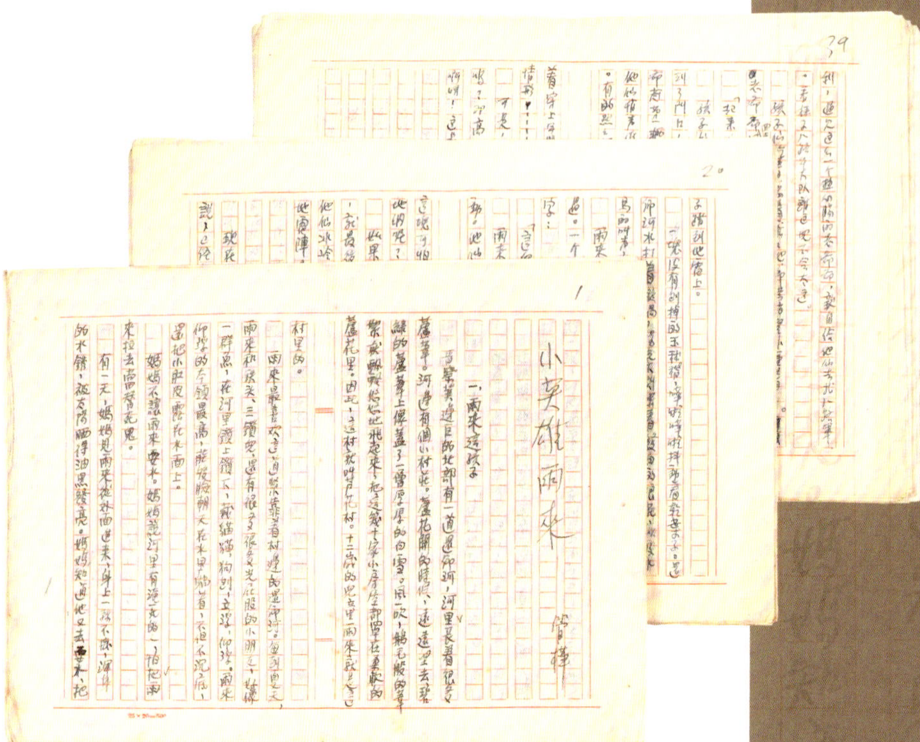

藏品简介

1940年，管桦在参加抗日战争中创作了第一篇小说《雨来没有死》，于1948年发表在《人民日报》的前身——《晋察冀日报》上，受到了广大读者的一致好评。建国之初，《雨来没有死》被选进了全国中小学语文课本。从此，小英雄雨来便成了中小学生心中的偶像。1955年，管桦在《雨来没有死》的基础上经过精心构思，创作发表了中篇小说《小英雄雨来》。此手稿一直由管桦珍藏，其去世后由夫人李婉捐赠给中国现代文学馆。

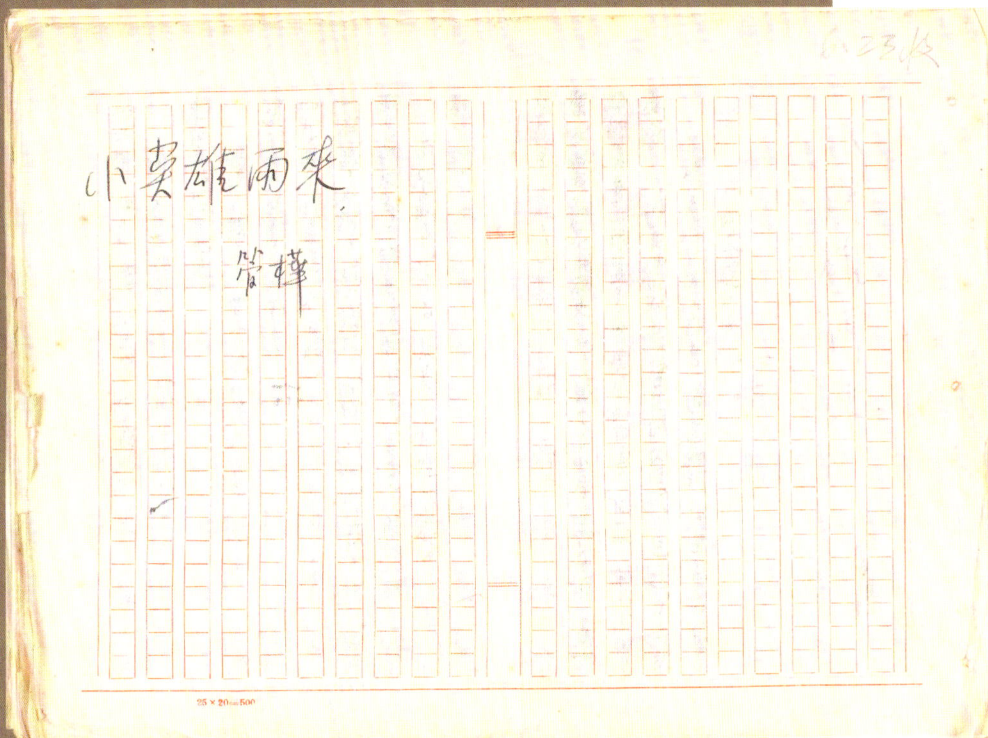

小英雄雨來

管樺

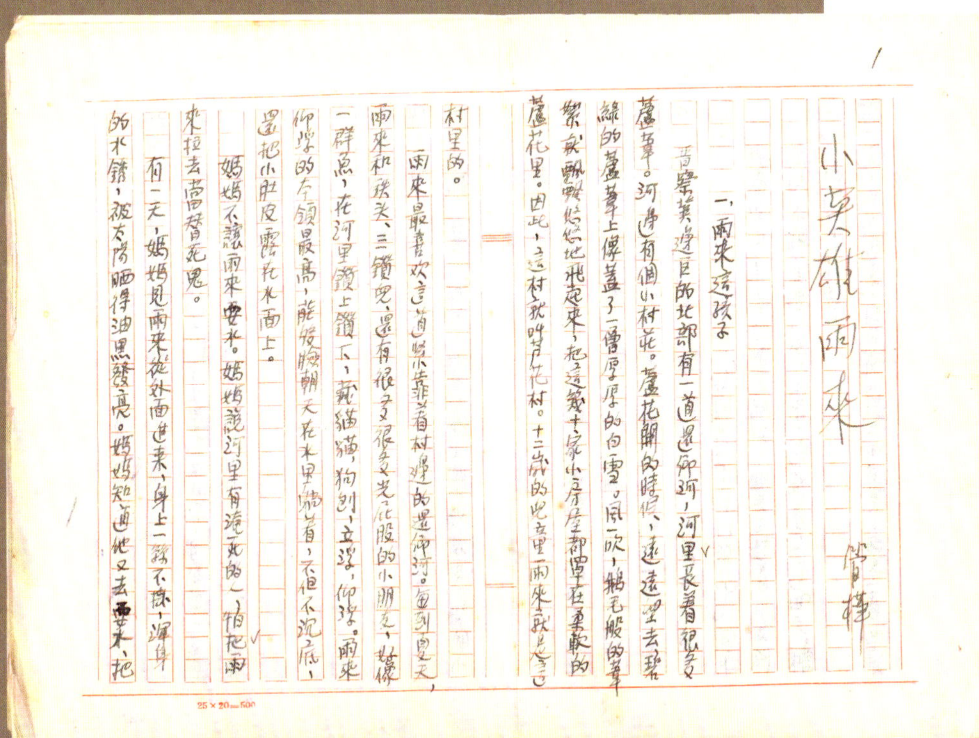

1

小英雄雨來

管樺

一、雨來這孩子

晉察冀邊區的北部有一道還鄉河，河里長着很多蘆葦。河邊有個小村莊。蘆花開的時候，遠遠望去，碧綠的蘆葦上像蓋了一層厚厚的白雪。風一吹，鵝毛般的葦絮就飄飄悠悠地飛起來，把這幾十家小房屋都罩在柔軟的蘆花里。因此，這村就叫蘆花村。十二歲的兒童里雨來就是這村里的。

雨來最喜歡這道緊靠着村邊的還鄉河。每到夏天，雨來和鐵頭、三鑽兒，還有很多很多光着屁股的小朋友，好像一群魚，在河里鑽上鑽下，藏貓貓，狗刨，立浮，仰浮。雨來仰浮的本領最高，能把臉朝天在水里躺着，不但不沉底，還把小肚皮露在水面上。

媽媽不讓雨來耍水。媽媽說河里有淹死的人，怕把雨來拉去當替死鬼。

有一天，媽媽見雨來從外面進來，身上一絲不掛，渾身的水錶，被太陽晒得油黑發亮。媽媽知道他又去耍水，把

No. 30

魏巍

《东方》手稿

年代 20世纪50年代末至70年代

尺寸 27cm×38.5cm

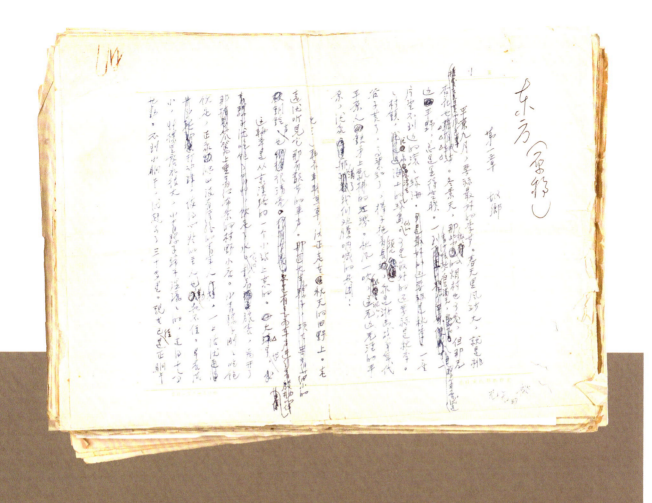

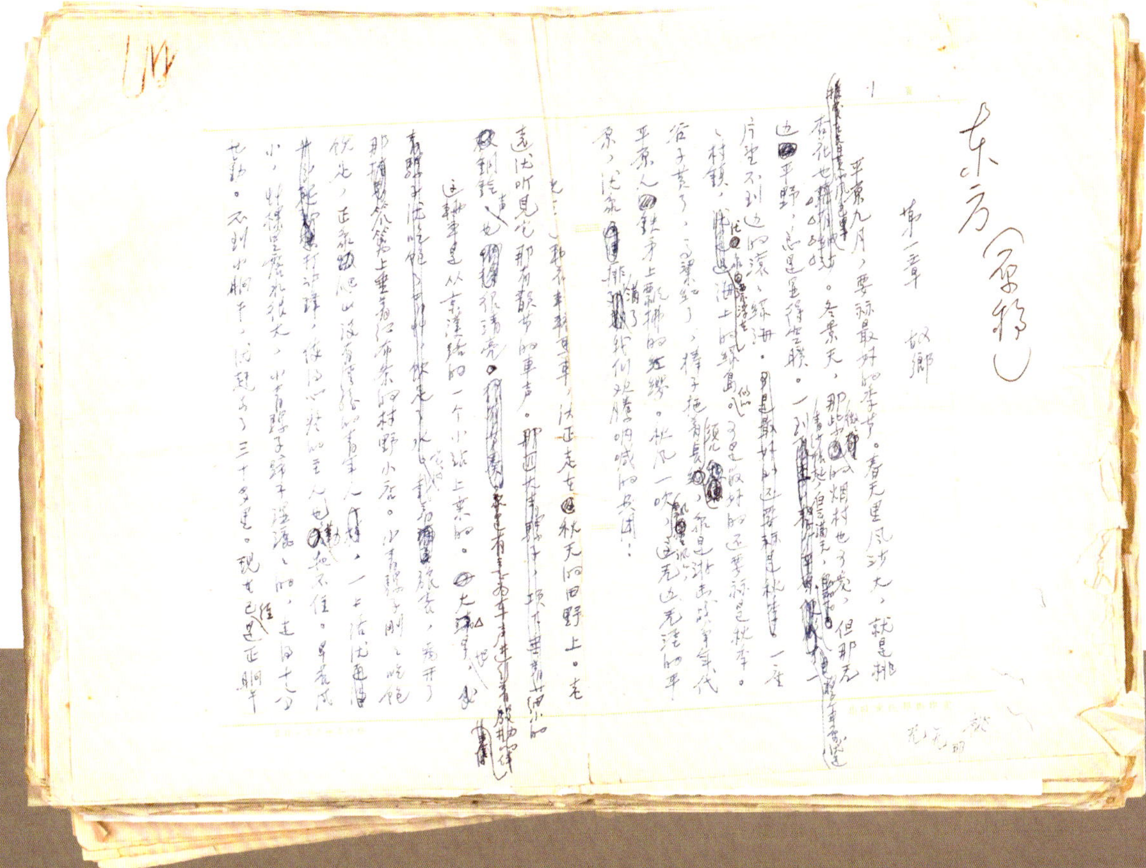

藏品简介

《东方》是魏巍创作的一部长篇小说，它以中国人民志愿军抗美援朝为背景，通过对朝鲜战场和中国农村生活的描写，全面反映抗美援朝的必要性和重要性，是一部史诗式的小说。魏巍1959年开始创作，历经18年完成，1978年9月由人民文学出版社出版，1982年获第一届茅盾文学奖。《东方》手稿的存世，正如一座无声的纪念碑，永远铭刻着那段『雄赳赳，气昂昂』的峥嵘岁月，也见证着中国作家笔力千钧，以赤子之心书写伟大民族与时代的壮丽篇章。这部手稿由魏巍珍藏，2003年魏巍将其捐赠给中国现代文学馆。

No.31

老舍《宝船》手稿

年代　1961年

尺寸　26.4cm×18.8cm

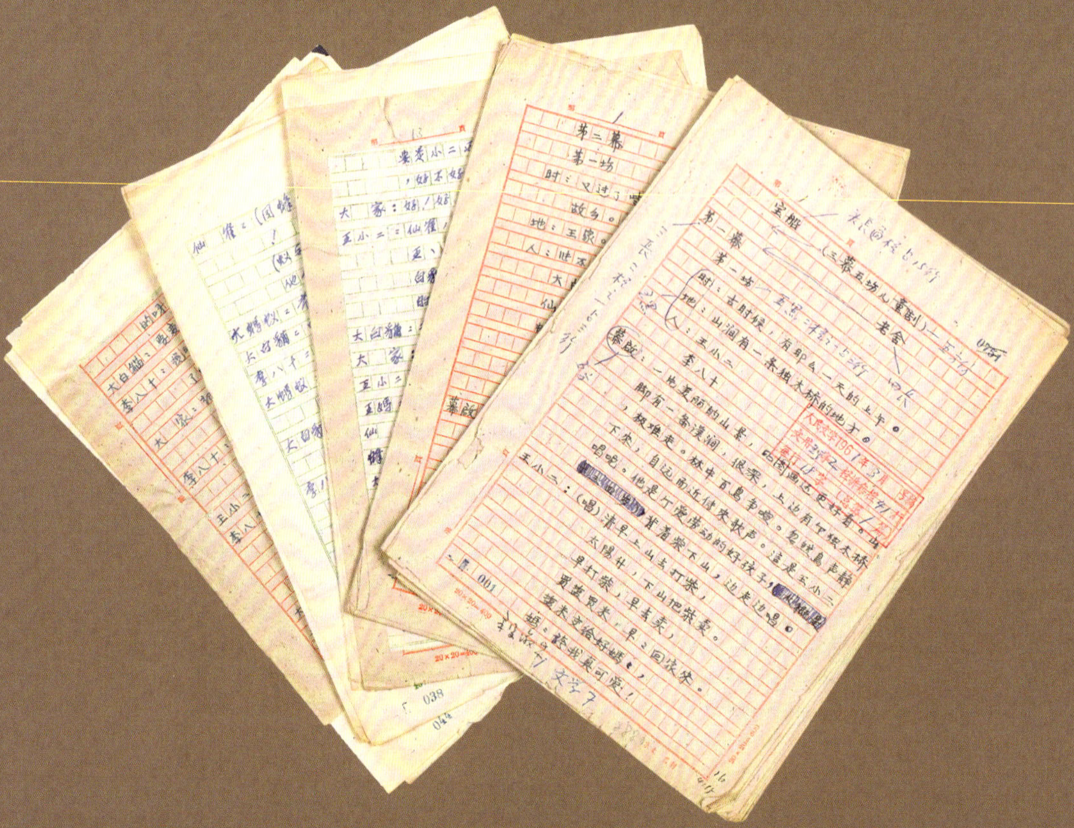

藏品简介

《宝船》是老舍文学生涯中唯一一部儿童剧作品，创作于1961年，初载同年3月《人民文学》杂志，1961年12月由中国少年儿童出版社出版。这部作品不仅是老舍对儿童文学领域的独特贡献，展现了他对童心世界的深刻理解与艺术表达；更以其生动的语言、幽默的情节和深刻的寓意，成为中国儿童文学的经典之作，是童心与幻想交织的文学瑰宝。《宝船》手稿一直由中国作家协会珍藏，1991年中国作协将其捐赠给中国现代文学馆。

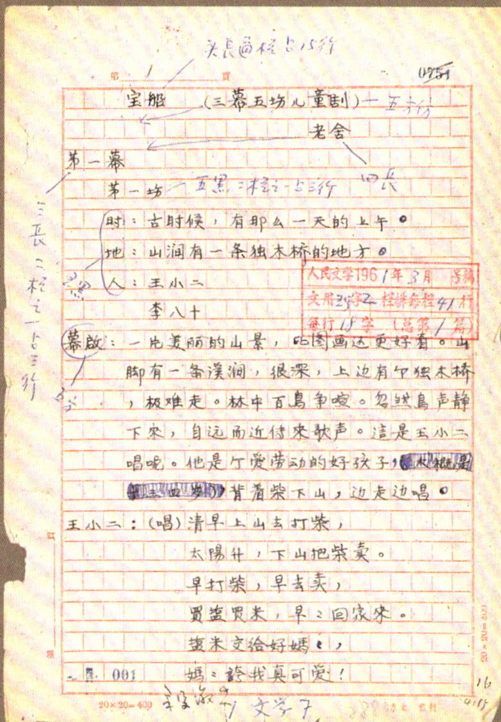
宝船　（三幕五场儿童剧）

老舍

第一幕

第一场

时：古时候，有那么一天的上午。

地：山涧有一条独木桥的地方。

人：王小二

李八十

幕啟：一片美丽的山景，比图画还更好看。山脚有一条溪涧，很深，上边有个独木桥，极难走。林中百鳥争喧。忽然鳥声静下來，自远而近傳來歌声。這是王小二唱呢。他是个爱劳动的好孩子，[illegible]背着柴下山，边走边唱。

王小二：（唱）清早上山去打柴，

太陽升，下山把柴卖。

早打柴，早去卖，

買盐買米，早早回家來。

拨米交给好媽媽，

媽媽誇我真可爱！

001

20×20=400

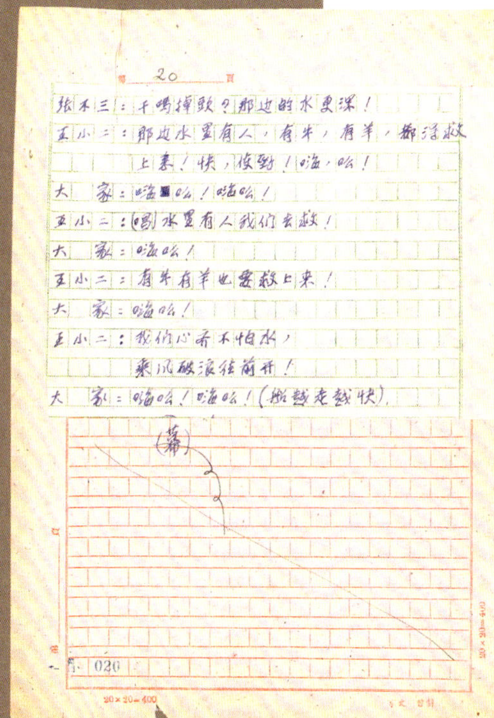
20

张不三：干嗎掉頭？那边的水更深！

王小二：那边水里有人，有牛，有羊，都得救上來！快，使劲！嗨，吆！

大　家：嗨吆！嗨吆！

王小二：（唱）水里有人我们去救！

大　家：嗨吆！

王小二：有牛有羊也要救上来！

大　家：嗨吆！

王小二：我们心齐不怕水，

乘风破浪往前开！

大　家：嗨吆！嗨吆！（船越走越快）

（幕）

020

20×20=400

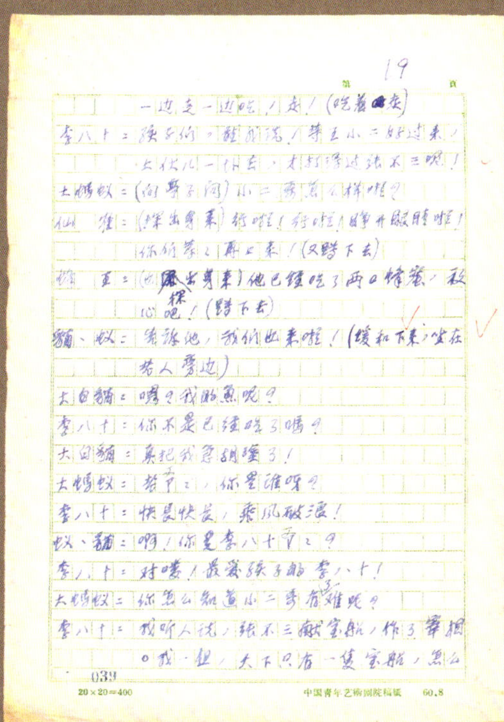
19

一边走一边吃，走！（吃着走）

李八十：孩子们，醒醒吧！等王小二好过来，大伙儿一块去，才打得过张不三呢！

大螞蟻：（向屋子问）小二哥怎么样啦？

仙　鹤：（探出身来）好啦！好啦！睁开眼睛啦！你们等等再上来！（又缩下去）

蜂　王：（探出身来）他已经吃了两口蜂蜜，放心吧！（缩下去）

貓、蚁：告訴他，我们也来啦！（缓和下来，坐在老人旁边）

大白貓：喵？我的魚呢？

李八十：你不是已经吃了嗎？

大白貓：真把我急糊塗了！

大螞蟻：老爷爷，你是谁呀？

李八十：快長快長，乘风破浪！

蚁、貓：啊！你是李八十爷爷？

李八十：对喽！最爱孩子的李八十！

大螞蟻：你怎么知道小二哥有难呢？

李八十：我听人说，张不三献宝船，作了宰相。我一想，天下只有一隻宝船，怎么

039

20×20=400　中国青年艺术剧院稿纸　60.8

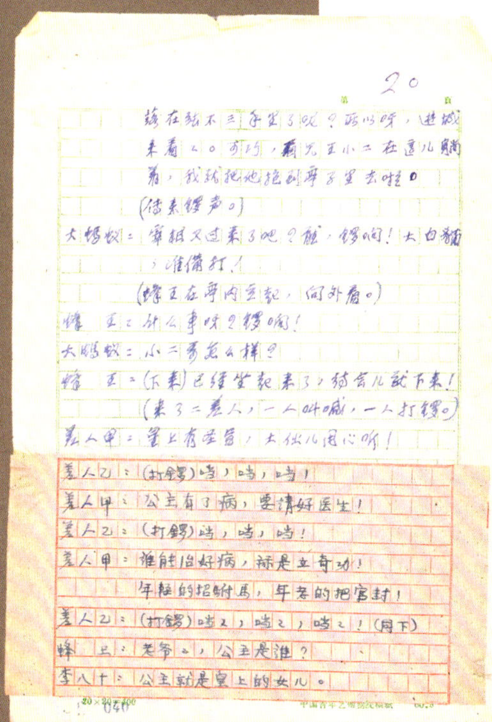
20

落在张不三手里了呢？所以呀，进城来看看。可巧，看见王小二在這儿躺着，我就把他抱到屋子里去啦。

（傳来锣声。）

大螞蟻：宰相又过来了吧？敲，锣啊！大白貓，准備打！

（蜂王在屋内立起，向外看。）

蜂　王：什么事呀？锣响！

大螞蟻：小二哥怎么样？

蜂　王：（下来）已经坐起来了，待会儿就下来！

（来了二差人，一人叫喊，一人打锣。）

差人甲：皇上有聖旨，大伙儿留心听！

差人乙：（打锣）噹，噹，噹！

差人甲：公主有了病，要請好医生！

差人乙：（打锣）噹，噹，噹！

差人甲：谁能治好病，就是立奇功！

年轻的招駙馬，年老的把官封！

差人乙：（打锣）噹噹，噹噹，噹噹！（同下）

蜂　王：老爷爷，公主是誰？

李八十：公主就是皇上的女儿。

040

No. 32

罗广斌

《红岩》手稿

年代　1961年

尺寸　27cm×19.5cm

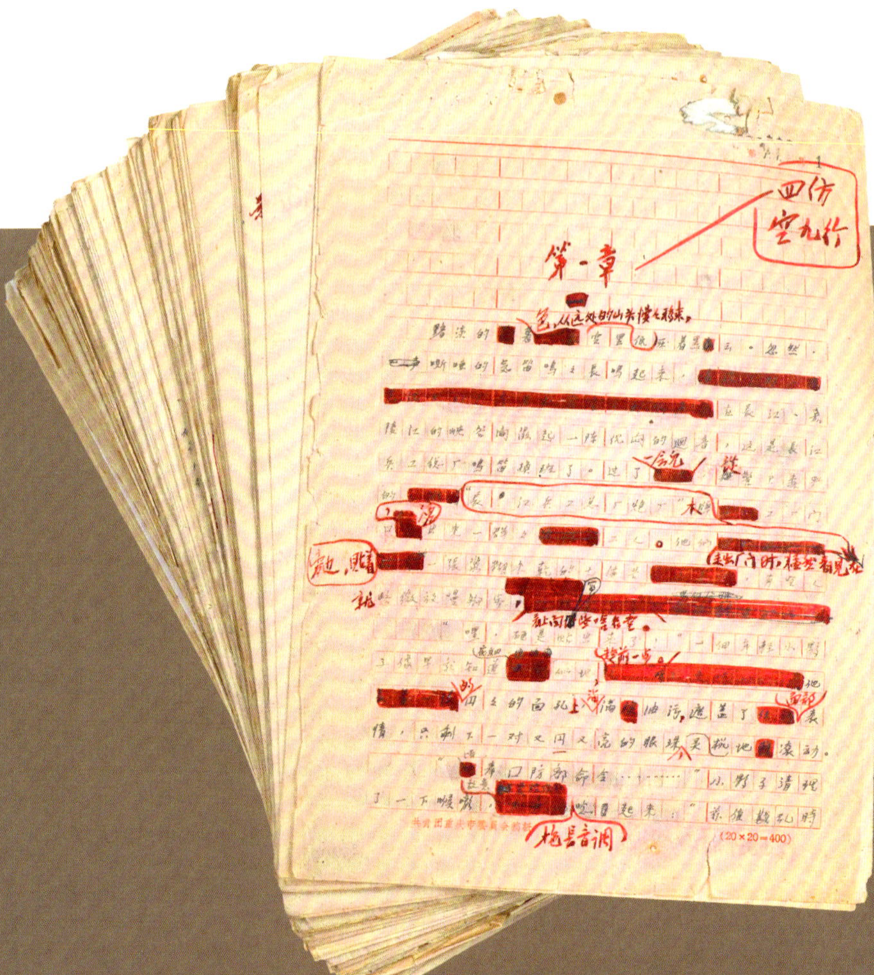

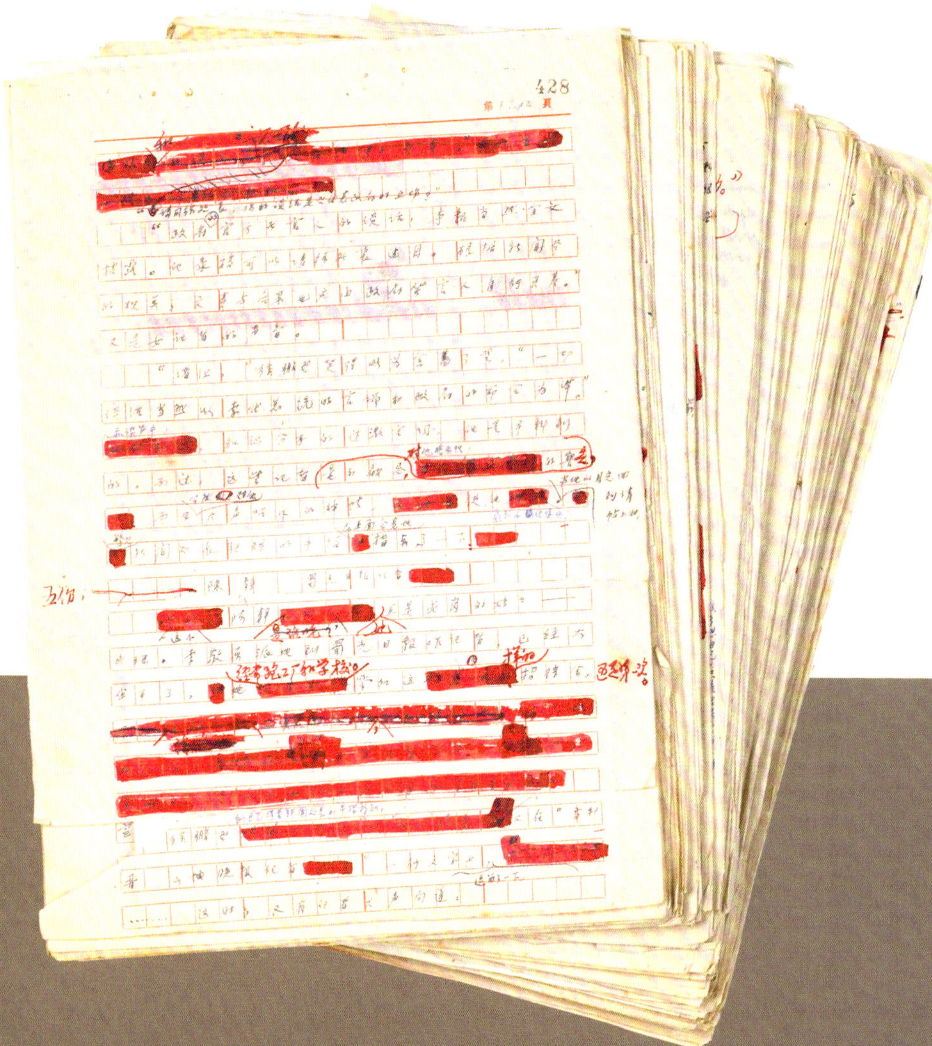

藏品简介

1957年4月，中国青年出版社收到了四川长寿县读者赵山林的来信。信中提到，罗广斌讲述的中华人民共和国成立前重庆『中美合作所集中营』的故事让人深受教育。中国青年出版社特向罗广斌约稿，请他写一部『中美合作所血录』。半年后，革命回忆录《在烈火中得到永生》完成，后来罗广斌又进一步挖掘素材，将回忆录改写成长篇小说，经过数易其稿，1961年12月小说《红岩》正式出版，成为中华人民共和国成立后『十七年红色文学』中的经典之作。这部手稿一直由罗广斌家人珍藏，2000年罗广斌夫人胡蜀兴经由马识途将其捐赠给中国现代文学馆。

No. 33

老舍
《正红旗下》手稿

年代 1961年至1962年
尺寸 35.5cm×26cm

藏品简介

《正红旗下》是老舍创作的一部带有自传性质的长篇小说未完稿，也是他极为看重的一部作品。该手稿创作于1961年底至1962年，写到8万多字即停下。虽未完稿，但该作品有着老舍特殊的文学魅力，其独特的京味语言与细腻的历史叙事，充分表现了北京的地方色彩、风土人情以及对北京文化与满族传统的深刻思考。这部未完稿一直藏于老舍故居『丹柿小院』，直至1999年，老舍夫人胡絜青将其捐赠给中国现代文学馆。

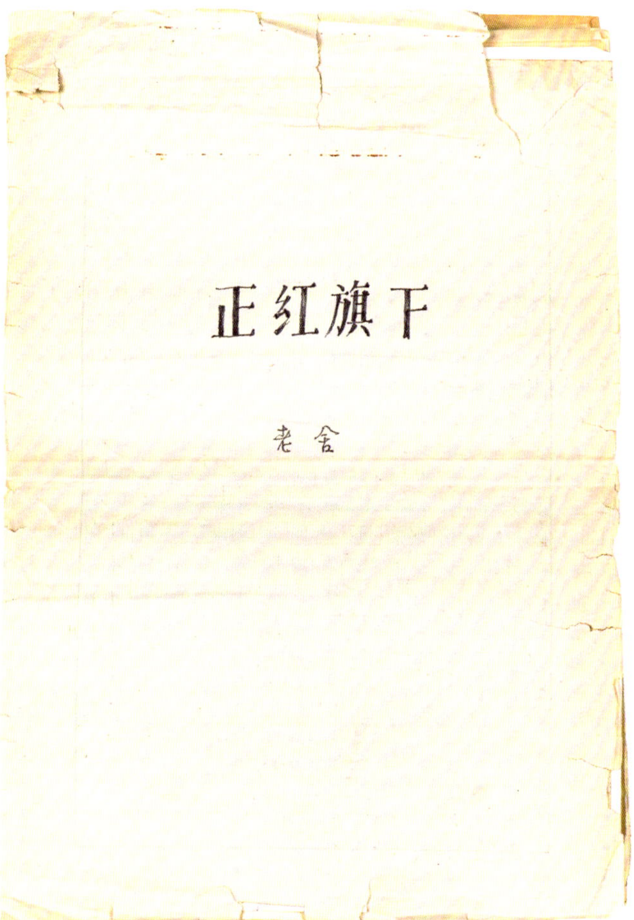

大姐夫挑了两天，才狠心挑出一对紫乌头，去作第一号生意。他舍不得出手这一对，可是赶快想法子，还能不赚点儿么？及至到了鸽子市上，认识他的那些贩子们一个个多看大甲，反倒卖给他两对鸽铃，一对凤头点子。到家细看，凤头是用胶水粘合起来的。他没敢再和大姐商议，就偷偷地撤销了贩卖鸽子的计划。

变法的潮浪过去了，他把大松辫改成小紧辫，摹仿着库兵，横眉立目地满街走，仿佛那些维新派是他亲手灭消了的。同时，他对福海二哥也不再那么表示钦佩。反之，他觉得二哥是脚踩两只船，有钱粮就当兵，没有钱粮就当油漆匠，实在不够作个地道的旗人。而且难免白莲教匪的嫌疑。

书归正传：大舅妈拜访完了我的姑母，就同二哥来看我们。大舅妈问长问短，母亲有气无力地回答，老姐儿俩都落了点泪。收起眼泪，大舅妈把我好赞美了一顿：多么体面哪！高鼻子，大眼睛，耳朵有多么厚实！

福海二哥笑起来："老太太，这个小兄弟跟我小时候一样的不体面！刚生下来的娃娃都看不出模样来！你们老太太呀……"他没往下说，而又哈哈了一阵。

母亲没表示意见，只叫了声："福海！"

"嗳！"二哥急忙答应，他知道母亲要说什么。"您放心

的婆婆进行激辩。按照她的说法，我的母亲是因为生我，失血过多，而昏了过去的。据我后来调查，姑母的说法颇为正确，因为自从她中年居孀以后，就搬到我家来住，不可能不掌握些第一手的消息与资料。我的啼哭，吵得她不能安眠。那么，我一定不会是一股煤气！

我也调查清楚：自从姑母搬到我家来，虽然是过着的日子，她可是以大姑子的名义支使我的母亲给她沏茶灌水，擦桌子扫地，名正言顺，心安理得。她的确应该心安理得，我也不便给她造谣言想想看，在那年月，一位大姑子而不欺负兄弟媳妇，还怎么称作大姑子呢？

在我降生前后，母亲当然不可能照常伺候大姑子，这就难怪在我还没落草儿，姑母便对我不大满意了。不过，不管她多么自私，我可也不能不多少地感激她：假若不是她肯和大姐婆婆力战，甚至于混战，我的生日与时辰也许会发生些混乱，其说不一了。我舍不得那个良辰吉日！

那的确是良辰吉日！就是到后来，姑母在敲了我三烟锅子之后，她也不能不稍加考虑，应否继续努力。她不能不想想，我是腊月二十三日酉时，全北京的人，包括着皇上和文武大臣，都在欢送灶王爷上天的时刻降生的呀！

在那年代，北京在没有月色的夜间，实在黑的可怕。

No. 34

郭沫若

《水调歌头·赞焦裕禄同志》手稿

年代 1966年

尺寸 26.5cm × 19cm

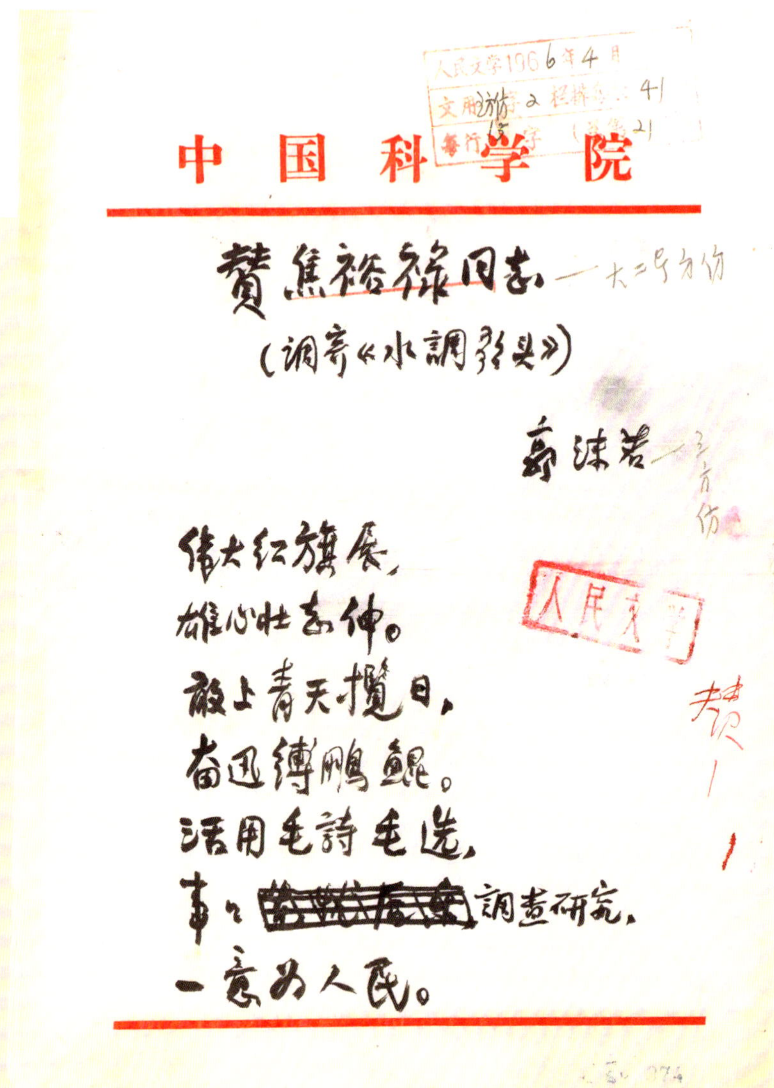

中国科学院

赞焦裕禄同志

（调寄《水调歌头》）

郭沫若

伟大红旗展，
雄心壮志伸。
敢上青天揽日，
奋迅缚鹏鲲。
活用毛诗毛选，
事事调查研究，
一意为人民。

藏品简介

1964年5月14日，焦裕禄同志去世，年仅42岁。新华社记者穆青等联合采写的长篇通讯《县委书记的榜样——焦裕禄》在1966年2月7日《人民日报》头版头条配评论发表后，引起了强烈反响。焦裕禄成为全党、全军和全国人民学习的榜样。1966年3月15日，郭沫若题写了《水调歌头·赞焦裕禄同志》，其以诗词为炬，照亮了一个时代对英雄的礼赞。这部手稿一直由郭沫若珍藏，其去世后由家属捐赠给中国作家协会，中国作协于1991年捐赠给中国现代文学馆。

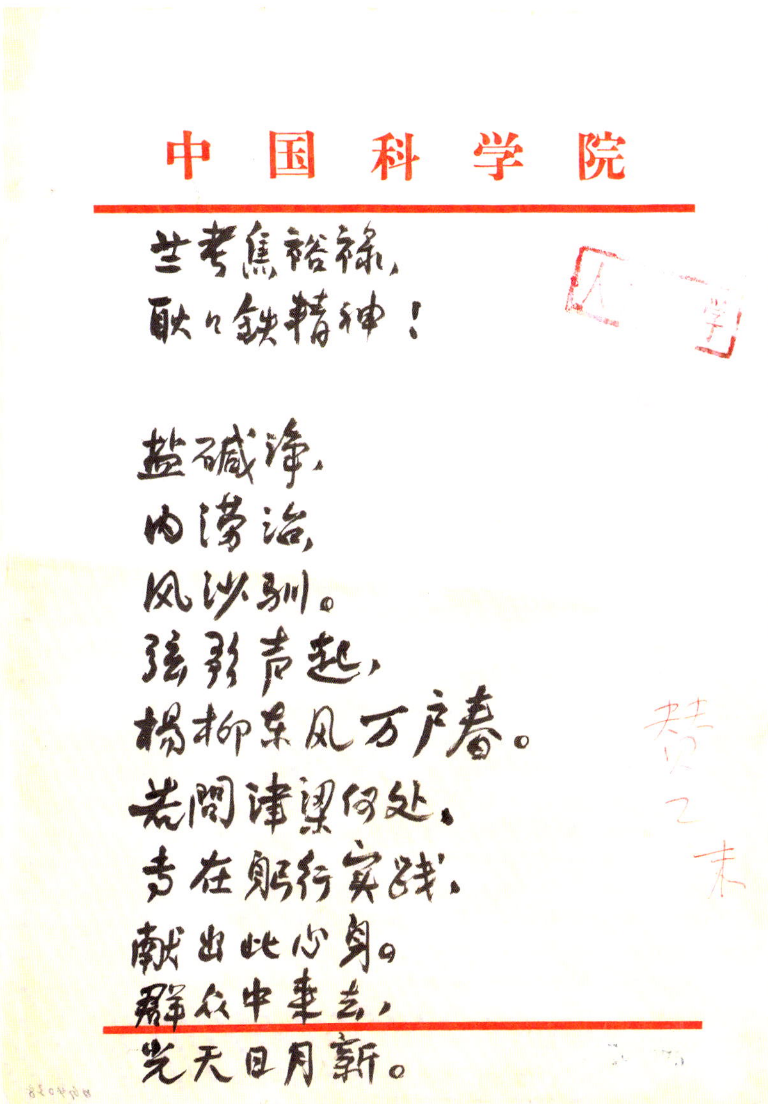
中国科学院

学习焦裕禄，
耿耿铁精神！

盐碱净，
内涝治，
风沙驯。
弦歌声起，
杨柳东风万户春。
若问津梁何处，
当在躬行实践，
献出此心身。
群众中来去，
光天日月新。

No. 35

周克芹
《许茂和他的女儿们》手稿

年代 1978年至1979年

尺寸 26cm×18cm

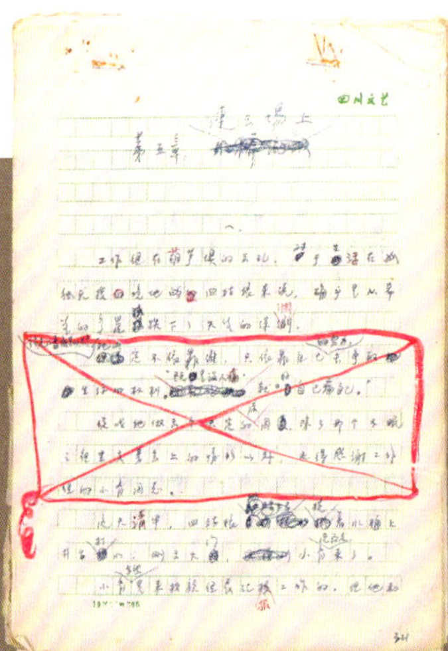

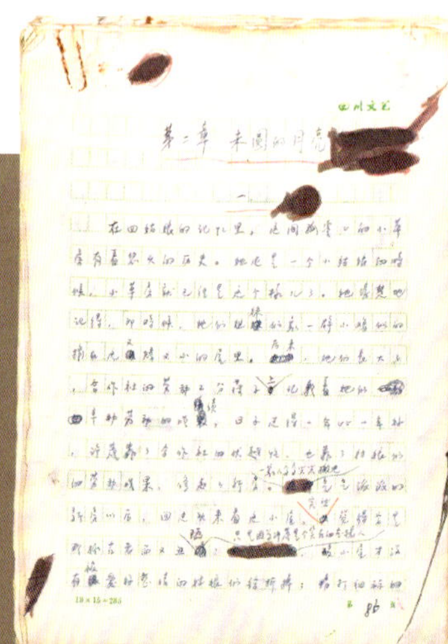

藏品简介

《许茂和他的女儿们》以1975年冬工作组来到四川农村开展整顿工作为背景，通过老农许茂一家在时代浪潮中的命运起伏，真实再现了特殊历史时期农民的生活图景与精神困境。周克芹于1978年开始动笔，1979年8月完成。先在内江地区《沱江文艺》上发表第一章，征求各方面的意见。读者的好评增加了周克芹的信心。1979年《红岩》转载，1980年5月由人民文学出版社出版单行本，并荣获第一届茅盾文学奖。再读这部手稿，葫芦坝的炊烟依然在纸页上升腾。周克芹以笔为犁，深耕出一片精神的沃野，让我们在文学中触摸到了一个时代的体温。这部手稿一直由周克芹珍藏，1987年周克芹将其捐赠给中国现代文学馆。

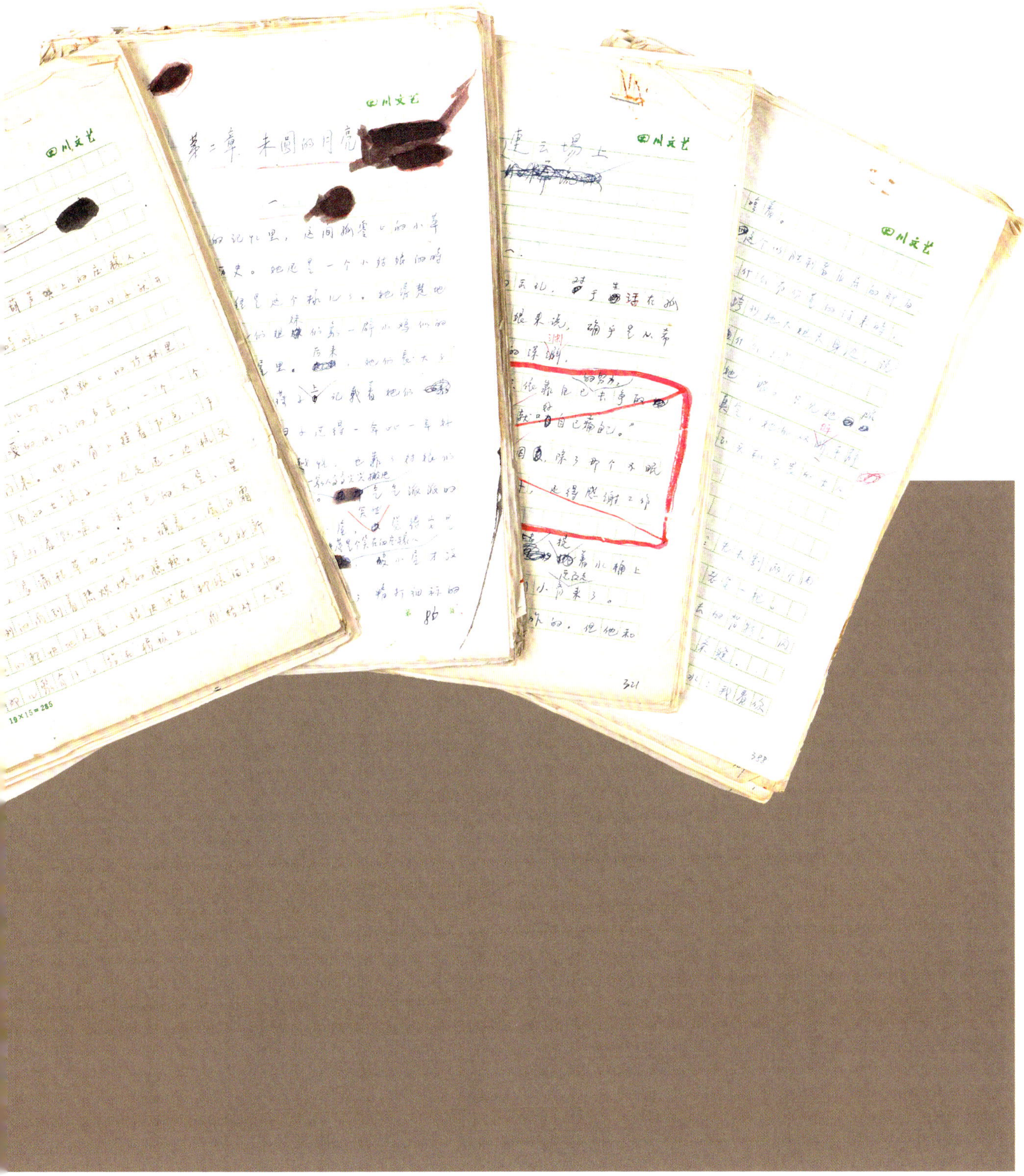
四川文艺
第二章 未圆的月亮
四川文艺
四川文艺
四川文艺
19×15=285

No. 36

张洁
《沉重的翅膀》手稿

年代　1981年

尺寸　38cm×27cm

藏品简介

《沉重的翅膀》这部作品不仅是新中国首部聚焦改革开放初期社会变革的文学力作，更以犀利的笔触揭示了工业领域改革与保守势力的激烈碰撞。张洁以小说为媒介，将宏大的改革命题具象化为鲜活的人物命运与职场斗争，既具有报告文学的纪实性，又不失小说的艺术张力。这部手稿是张洁1981年创作的初稿。发表后在国内产生重大影响，并获得第二届茅盾文学奖。该手稿一直由张洁珍藏，于1991年将其捐赠给中国现代文学馆。

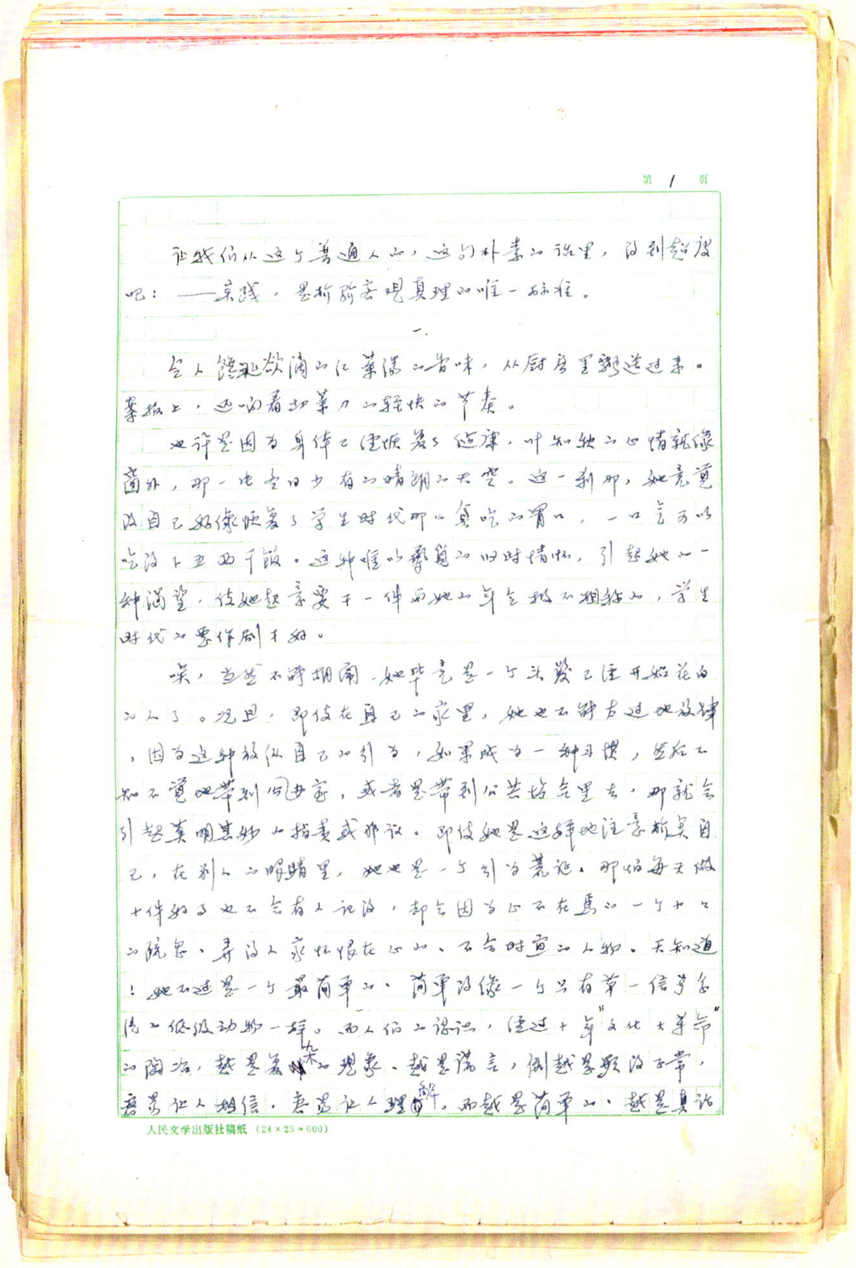

第 1 页

让我们从这个普通人的，这简朴素的故事里，得到启发吧：——实践，是检验真理的唯一标准。

一

令人馋涎欲滴的红菜汤的香味，从厨房里飘送过来。菜板上，还响着切菜刀的轻快的节奏。

也许是因为身体已经恢复了健康，所以她的心情就像窗外，那一年中少有的晴朗的天空。这一刹那，她竟觉得自己好像恢复了学生时代那种贪吃的胃口，一口气可以吃得下五两干饭。这种难以寻觅的旧时情怀，引起她的一种渴望，使她想要干一件与她的年龄不相称的，学生时代的恶作剧才好。

唉，当然不能胡闹。她毕竟是一个头发已经开始花白的人了。况且，即使在自己的家里，她也不能太过放肆，因为这种放纵自己的行为，如果成为一种习惯，当她不知不觉地带到部务会，或者是带到公共场合里去，那就会引起莫明其妙的指责或非议。即使她是这样地注意检点自己，在别人的眼睛里，她也是一个行为荒诞，那怕每天做十件好事也不会有人记得，都会因为心不在焉的一个小小的疏忽，弄得人家怀恨在心的、不合时宜的人物。天知道！她不过是一个最简单的、简单得像一个只有第一信号系统的低级动物一样。而人们的议论，经过十年"文化大革命"的陶冶，越是复杂的现象、越是谎言，倒越是显得正常，越是让人相信，越是让人理解。而越是简单的、越是真诚

人民文学出版社稿纸（24×25=600）

中国现代文学馆藏珍贵文物图录

Album of Cultural Relics in National Museum of Modern Chinese Literature

第二部分

馆藏一级字画

No. 1

董其昌
《董文敏行书诗词手迹》

年代　明

尺寸　22.4cm × 12.5cm

钤印　『董其昌书』『董其昌』『玄宰』『淮阴醉叟』『鲍孝子儿孙』

藏品简介

该册页为董其昌手迹，内有《登虎丘》《赠王中丞》《酬胡琴台》《端午赋》《梅花赋》《江南春词》诗词，内容涵盖山水、友情、节令与自然之美，展现了董其昌深厚的文学修养与书法造诣。其中的书法作品笔势连绵流畅，字形疏朗有致，清逸洒脱，灵动自然，给人以『行云流水』般的视觉享受。该册页原为赵紫宸家藏珍品，2003 年赵紫宸之子赵景心将其捐赠给中国现代文学馆。2011 年经书画专家章津才、张如明、单国强鉴定其为董其昌真迹。

登虎丘

青山不似隐吴门　洞霭江烟
顺五无庸靠为问　坚劳笔
龙宫旧教给孤园　清々石濑
妙偈空谈々松涛　洗尔喧

散向堂眠暗院　手禅心裁诗
程风帆
照王中丞

试辅登坛摊芳施　日往原任
吕庆刀神　京湯沐资安懷

明光起草　寅清业不向搜
初懒梧碣
寿高暇々
曾诗々编廿载馆　高新右大
豪主恩偈宁知岁月郎潜

久程是春林屏盛年弥矢
正孟秦残库觉觥变生阔
荼天回时九拨予先考为号
含歌老漢為

己未秋日書　贞昌

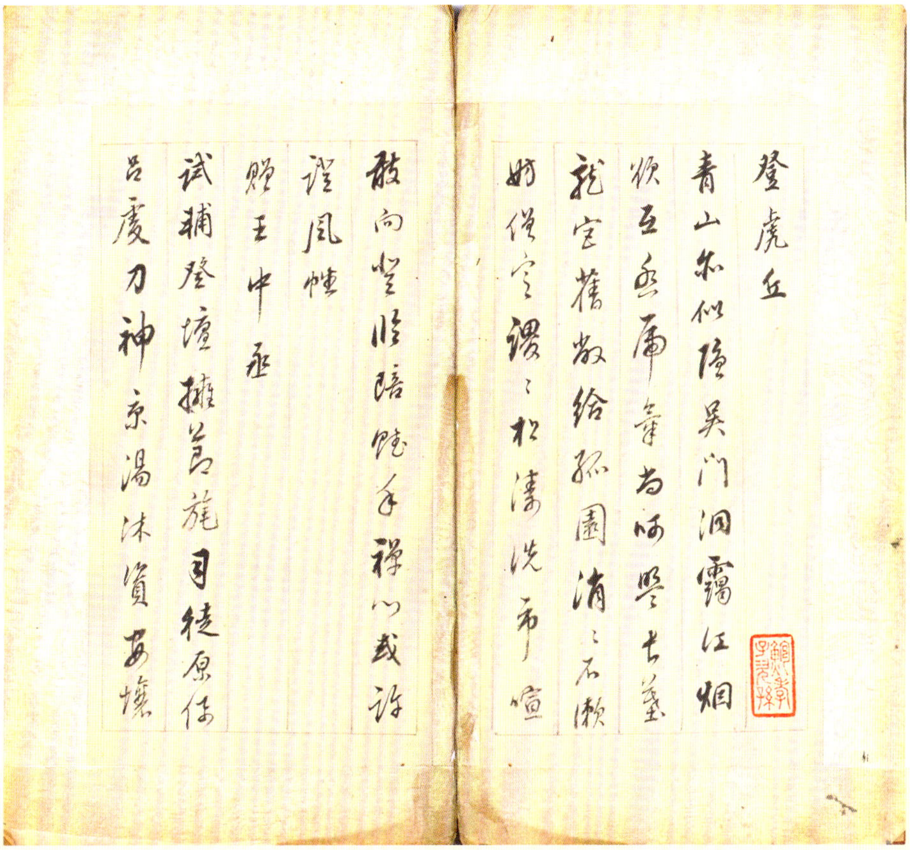

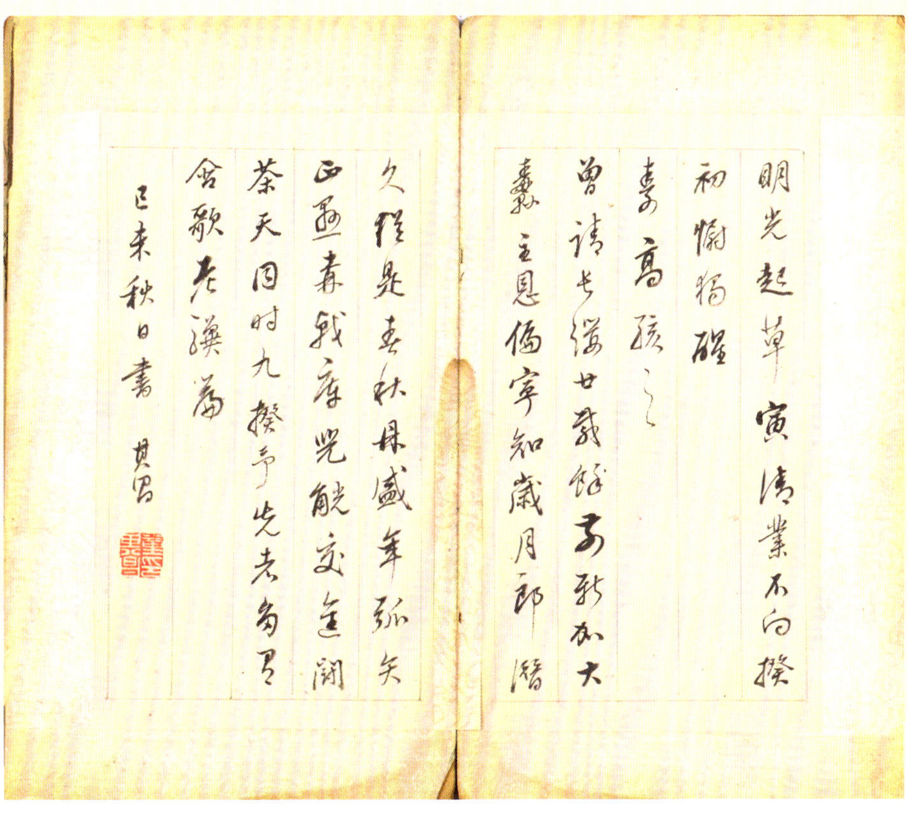

No. 2

黄应谌
《柴门迎客图》

年代 清

尺寸 124cm×62cm

题跋 板桥流水清，柴门向山路。隐隐读书声，幽人在何处。山斋多白云，卷幔引空翠。客到启柴门，一犬迎人吠。乾隆岁次丁丑春日偶题于惜阴轩。果亲王并书

款识 花径未曾缘客扫，蓬门今始为君开。壬子冬月。临淄黄应谌时年七十有五

钤印 「一咏一吟」「公馀染翰」「果亲王宝」「黄应谌印」「创菴」

藏品简介

《柴门迎客图》是清代宫廷画与文人画结合的典范。画作以远山为背景，通过劲松、柴门、人物等元素结合，营造出一种远离尘嚣的隐逸氛围。画面构图疏密有致，笔墨细腻，色彩淡雅，既展现了自然的清幽之美，又通过「柴门迎客」的主题，表达出文人雅士的待客之道与隐逸情怀。此画为冰心家族旧藏。1986年，冰心将这幅书画捐赠给中国现代文学馆。

No. 3

林纾书法对联

年代　20世纪初

尺寸　65.3cm×18cm

款识　集句示珪儿，畏庐老人书

钤印　『春觉斋印』

藏品简介

20世纪初，林纾之子林珪外出做官，林纾特写此对联送给他。对联内容『退思补过，俭以养廉』，既为家训，亦为官箴，浓缩了儒家『修身、齐家、治国』的核心价值观。既彰显了林纾『以书载道』的文人传统，也体现了其作为父亲与学者对儿子的双重关怀。书法风格清雅端秀，笔力遒劲而不失含蓄。林纾家属一直珍藏这副对联，于1985年将该对联捐赠给中国现代文学馆。

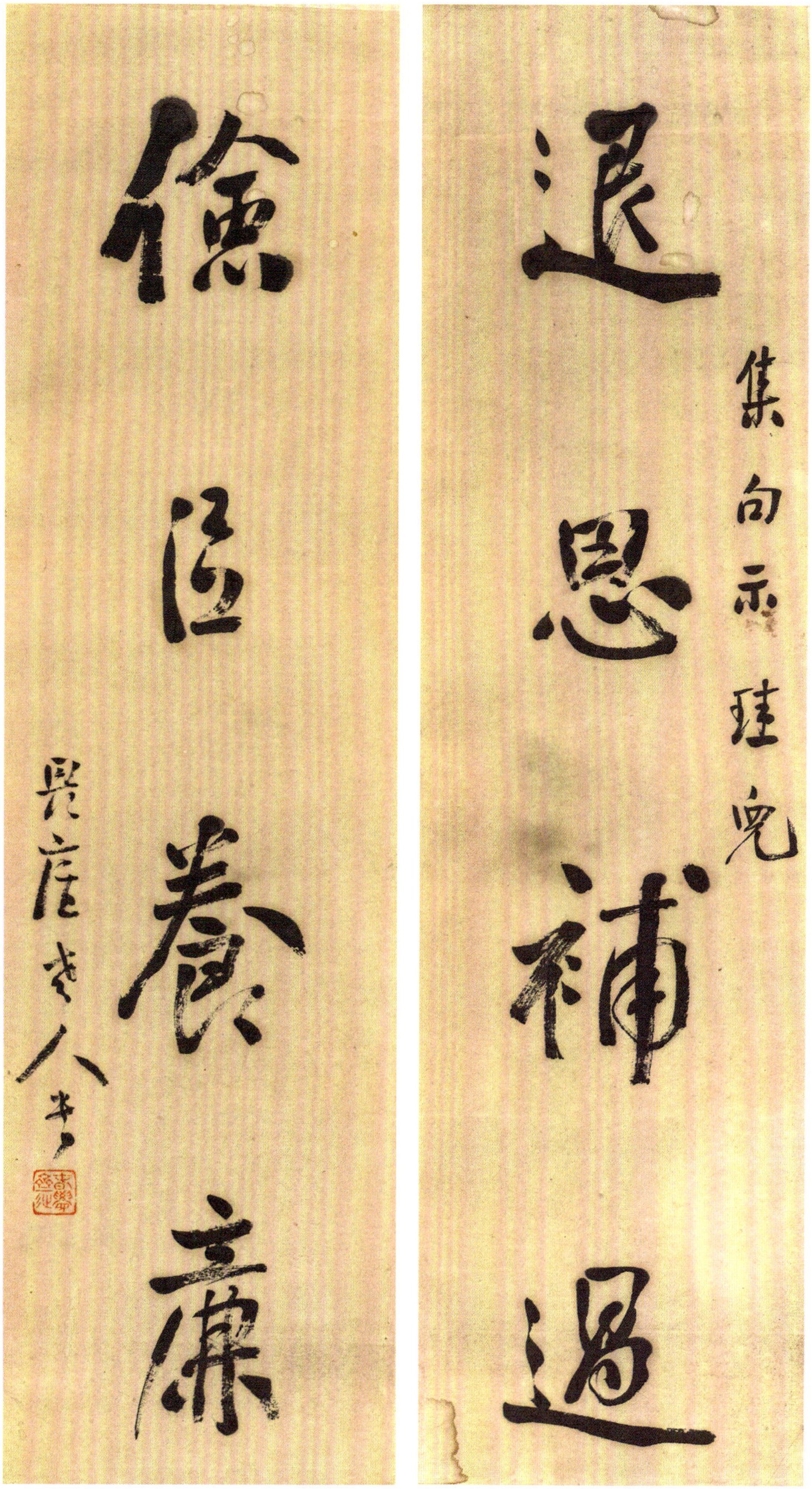
退思補過
集句示珪兒

已见杨花扑扑飞，鲥鱼江上正堪鲙
肥美腹笔酏，藕把莼美
定足水

邻翁功遂鲥鱼及鲥鲞

八月竹根稚笋嫩，雨逢临使入院家
鱼请公勤枇芭，茶斗双江酒一
衣秋

秋兰仪致园新居载竹

四百弯皇羽翠成高低轻塾出槛栏
俯时但作公卿寄渚足王家门下生

宾三学兄　拟陵诗和梅花园观小诗　张翼云

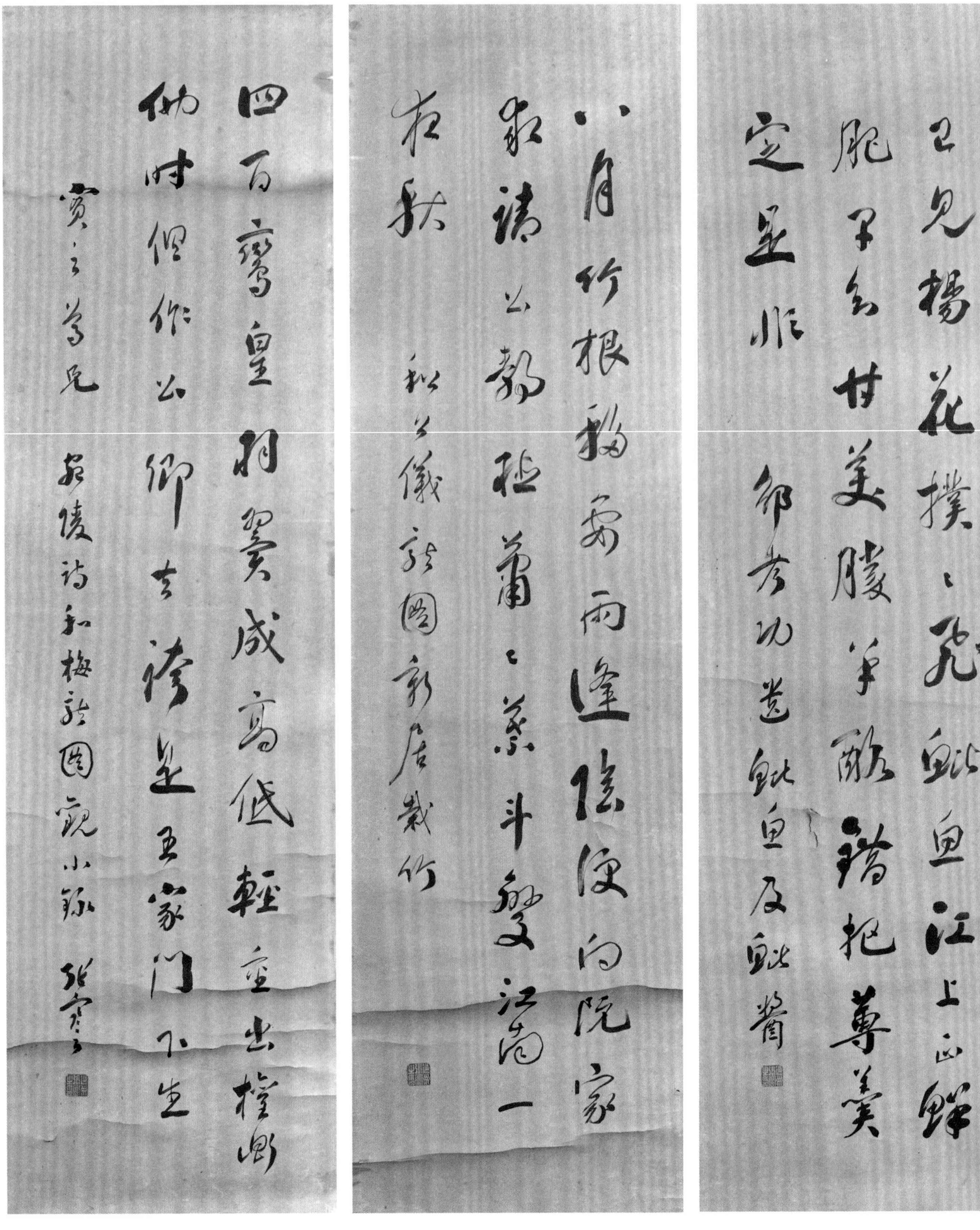

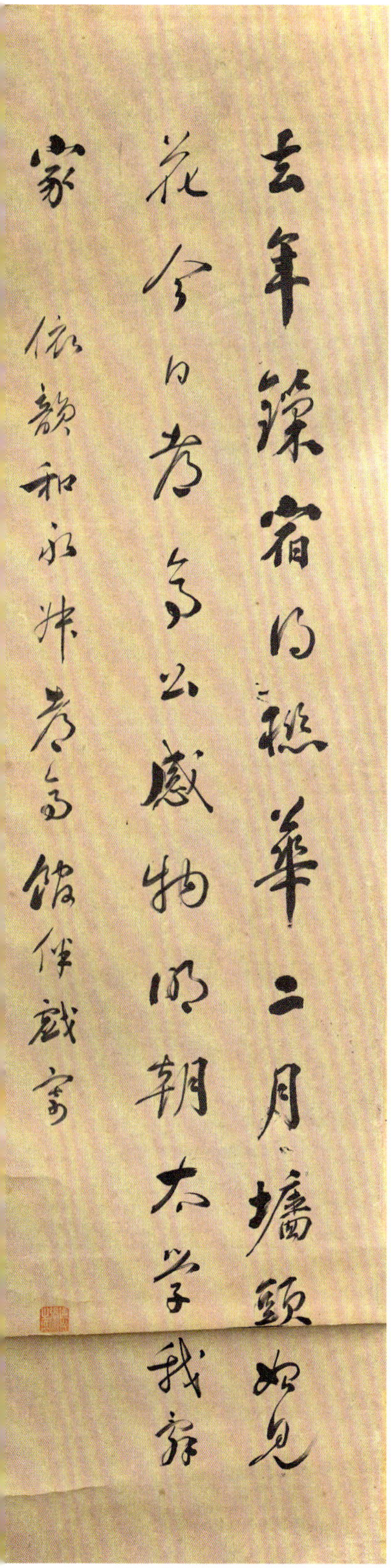

No. 4

张謇书法四条屏

年代　清末民初

尺寸　146cm×39cm

款识　宾主为儿。张謇

钤印　全部为『通州张謇之印』

藏品简介

张謇书法四条屏，内容选自四首七言诗，以四季景致为引，抒怀言志，隐喻世事变迁，意境悠远。书法风格上，笔力遒劲，字体疏朗，布局严谨。本书法作品原为九叶诗人王辛笛所珍藏，王辛笛去世后，家属于2007年将其捐赠给中国现代文学馆。2011年，经书画专家章津才、张如明、单国强鉴定，其为张謇真迹。

其内容为：『去年锁宿得联华，二月墙头始见花。今日都亭公感物，明朝太学我辞家。依韵和永叔都亭馆伴戏寄。已见杨花扑扑飞，鮆鱼江上正鲜肥。早知甘美胜羊酪，错把莼羹定是非。邵考功遗鮆鱼及鮆酱。八月竹根移要雨，逢阴便向阮家求。请公静听萧萧叶，斗变江南一夜秋。和公仪龙图新居栽竹。四百鸾皇羽翼成，高低轻重出权衡。他时俱作公卿去，夸是王家门下生。宛陵诗和梅龙图观小录。』

No. 5

汤定之画赠冰心《太平湖风景》

年代 1932年

尺寸 79cm × 27cm

款识 壬申秋为冰心女士属。太平湖客。汤涤

钤印 『定』『之』

藏品简介

1932年汤定之应冰心之邀，特地为她创作了这幅作品，用柔和的笔墨描绘了太平湖的秋景。冰心一直珍藏这幅画作，为支持中国现代文学馆的建设，1986年冰心将该画作捐赠给文学馆。

主人沾醉酒
孤生荔萝下
西可陈倦涂
是一瓶茶可煮
而予欲求素
治峰差造生嗜
体稚如之将游
稍之之餐酒未免看
此寿先生法正
癸未丁聪

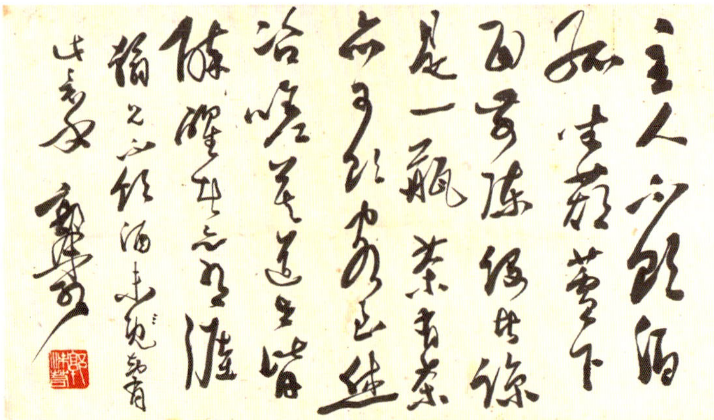

No. 6

李可染画赠阳翰笙《孤坐葫芦下》

年代 20世纪30至40年代

尺寸 36.3cm×21.5cm

题跋 （郭沫若题诗）主人不饮酒，孤坐葫芦下。面前陈设者，谅是一瓶茶。有茶亦可饮，客至休咨嗟。莫道世皆醉，醒者亦有涯

款识 翰笙先生存正。癸未可染

钤印 『郭沫若』『三企画印』『可染』

藏品简介

抗战时期，李可染、阳翰笙、郭沫若等文化界人士汇聚重庆，在艰苦环境中仍保持着文人雅集的风尚。阳翰笙于自家院中搭建葫芦架，夏日纳凉与友品茗畅谈，成为当时文人圈中佳话。李可染以此场景入画，既是对友人生活的描绘，亦是对战时知识分子坚守精神家园的礼赞。此画为赠友人——著名剧作家阳翰笙所作，并由郭沫若题诗，诗画合璧，堪称文人交谊的佳作。阳翰笙一直珍藏此画。2003年，阳翰笙家属将该画捐赠给中国现代文学馆。

No. 7

李可染画赠阳翰笙《瀑布与牛》

年代 1944年

尺寸 69cm×45.7cm

款识 翰笙同志教正。一九四四新春。可染

钤印 『可染』『可染』『陈言务去』

藏品简介

抗战时期，阳翰笙和李可染在重庆结下了深厚友谊，他们交往密切，成为知己。1944年，李可染特创作此画赠阳翰笙。画中的瀑布象征着生命的活力与不屈的精神，而牧童与水牛则代表着田园生活的宁静与质朴。这种对自然与生活的赞美，正是对抗战时期苦难现实的一种超越。它不仅是一幅描绘自然的画作，更是一曲在战火中吟唱的田园牧歌。作为李可染知音的阳翰笙一直珍藏此画作，2003年阳翰笙之女欧阳小华代表家属将其捐赠给中国现代文学馆。

No. 8

傅抱石画赠老舍《芭蕉丽人》

年代　1944年

尺寸　59cm×44cm

款识　老舍先生教正。甲申冬至。傅抱石

钤印　『抱石斋』『抱石大利』

藏品简介

傅抱石从20世纪40年代开始创作『丽人』题材，1944年正值抗战的艰苦时期，傅抱石作此画赠好友老舍。画中女子侧身坐于芭蕉叶下，衣袂飘逸，眉眼低垂，神情中交织着惆怅与孤寂。而芭蕉叶则以泼墨渲染，浓淡层次分明，既显南国植物的葱郁，又烘托出萧瑟氛围。画面整体布局疏密有致，留白处隐含『无声胜有声』的悠远意境，似将『丽人』的个体哀愁升华为时代的集体喟叹。老舍一直珍藏此画，2013年其家属将该画捐赠给中国现代文学馆。

No.9

傅抱石《浓荫读画》（1953年傅抱石题跋）

年代 1944年

尺寸 118cm×40cm

题跋 抗战期间居重庆西郊金刚坡下凡七载，老屋一椽隐高树中。承友好往往降驾评览嘱作，癸甲之间每借以成图，或曰桐阴或曰浓阴，皆读画景也。此帧随身最久，偶偶品视亦无非回忆一番。今秋在京，舍予兄忽道及并嘱经营一图，盖自郭老斋中曾观拙笔，属致日抚奉法藏，即乞与絜青夫人俪政。一九五三年十一月廿六日南京记。傅抱石

款识 甲申一伏中挥汗写抱石

钤印 『印痴』『傅』『踪迹大化』『傅抱石印』『往往醉后』

藏品简介

抗战期间，傅抱石避居重庆金刚坡，寓居乡野七载，其居所隐于山林，巨树浓荫蔽日，是文艺界友人的雅集之地。此画中描绘的『浓荫读画』场景，正是这一时期文人以艺抗敌，借书画慰藉精神的缩影。傅抱石以笔墨记录下与郭沫若、老舍等挚友围坐赏画的日常，既是对友情的珍视，亦是对民族危难时期文化坚守的一种表达。此画的独特之处在于其横跨近十年的创作历程。老舍一直珍藏此画，2013年其家属将该画作捐赠给中国现代文学馆。

No. 10

傅抱石画赠老舍《卧船听雨》

年代　1945年

尺寸　102cm × 38cm

款识　老舍先生应美政府之请将出国讲学，谨奉此伴随高跶瞻对何日不免凄然。乙酉小岁前两日重庆金刚坡下山斋记。弟傅抱石

钤印　『代山川而言也』『抱石之印』『抱石得心之作』

藏品简介

1945年12月，老舍应美国政府邀请将前往美国讲学，临行前好友傅抱石以此画相赠。时值抗战胜利不久，国内局势未稳，老舍的远行既是一次文化交流，亦带有几分漂泊意味。傅抱石以画寄情，以『卧船听雨』的意象表达离别的惆怅及对友人的祝福。老舍收到这份礼物后，精心保管直至去世。2013年，老舍家属将该画捐赠给中国现代文学馆。

No. 11

茅盾五十寿辰题词册

年代 1945年

尺寸 356.5cm×25.5cm

钤印 『孙伏园』『郭沫若』『中华全国文艺界抗敌协会』『郭沫若』『叶绍钧』『胡风』『东山』『舒舍予』『赵丹』『梅林』

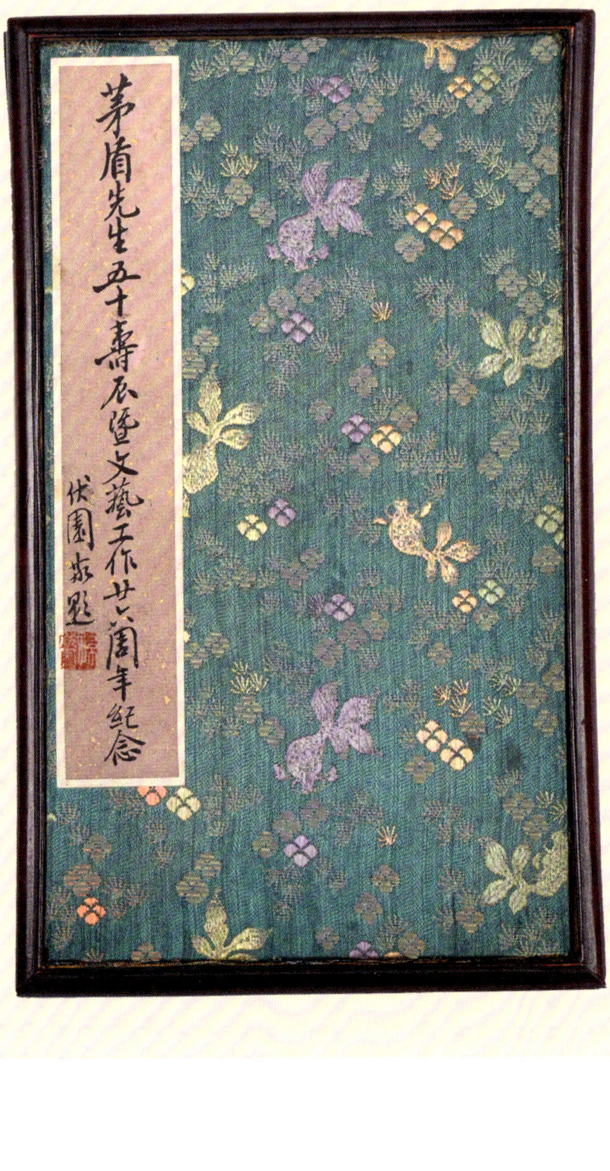

藏品简介

1945年，茅盾在重庆迎来自己的五十大寿。为了团结在重庆的文艺界人士，中共中央南方局委托革命作家筹办茅盾五十寿辰庆祝活动。活动中，众多文艺界友人为茅盾题写贺词，最后形成了这本题词册。这本题词册汇集了郭沫若、巴金、胡风等文化名人墨宝，它既是茅盾个人声望的体现，也是抗战时期文艺界团结奋进的缩影。茅盾收到该册页后十分珍视，一直收藏，20世纪80至90年代，茅盾家属将其捐赠给中国现代文学馆。

茅盾先生五十生辰暨执笔廿六周年纪念
与民无极
郭沫若敬题
一九四五年六月

严肃的态度、细密的文字、无尽的篇帙、不屈的操守，您的这些工作特点与坚忍精神，使您成为我们的楷模，我们的表率，我们的榜样。敬祝您的健康与努力。
茅盾先生五十寿辰暨创作二十六周年纪念
中华全国文艺界抗敌协会敬祝

文章千古事，得失寸心知。作者皆殊列，声名岂浪垂。
茅盾先生五十寿辰，全国联欢，亦五十一矣，浮白称觞，恨努力之不及，声名偶然，杜工部诗有声名岂浪垂，即书以为寿亦以谂予戚耳
黄芝冈

人民将以夫子为木铎
茅盾兄五十寿庆
[illegible]

五十年有更多的条件来暸解中国人民的命运。祝
雁冰先生五十寿
杨子趣

热心为悲哀的广大的群众服务二十六年的一贯道德精神的永远成为我们的[illegible]

霜叶红如二月花
雁冰先生大衍之庆，敬以尊作书名七字，勉炽五十乃如日方中，诗不宜以霜叶比，而寿备之德，松精神，固胜似二月花也。
孙伏园[illegible]

忠厚之心
锋利之笔
雁冰先生五十寿庆
洪深
卅四、十一月、十七日

二十五年交不浅，论才衡操我心倾。力排世俗暖姝者，风享文坛祭酒名。待旦何时嗟子夜，驻春有愿惜清明。讬翁易老岂难致，五十方如初日明。
雁冰先五十寿
弟叶绍钧

从人民中来，到人民中去，您的方向就是我们的方向
茅盾先生五十大庆
阳翰笙

子夜之虹
霜叶之花
玄珠兄五十寿庆
胡风

茅盾先生：
老百姓的喇叭。
史东山

鸡声茅屋听风雨
戈盾文章赴斗争
雁冰兄五十寿
老舍

清明前后[illegible]
茅盾先生五十寿庆
[illegible]

你是真理和进步的化身，[illegible]的时候[illegible]不敢懈怠不敢[illegible]
茅盾先生五十寿
[illegible]

笔灿如虹
敬贺
茅盾先生五十寿
何容

[illegible]
雁冰先生五十大寿
吴组缃

走在血和泪的路上，写出千古不朽的文章。
茅盾先生五十大寿　祝
靳以

在现实主义文艺的血路上
祝
茅盾先生五十岁
雪峰

尝尽时代甘苦
写出不朽作品
敬祝
茅盾先生五十大寿
蓬子

我喜欢你的文章，我佩服你的工作态度，我觉得你是一个有为而且令人相信的[illegible]，你永不会老，你是我们大家敬爱的先生。
祝
茅盾先生五十寿
巴金

以自己的心血哺育了别人的人，他是永远不老的。
敬祝
茅盾先生五十大寿
臧克家

从你的作品知你的为人[illegible]
敬祝
茅盾先生五十大寿
之燕

[illegible]
敬祝
茅盾先生创作二十六年[illegible]
徐迟

从你的爱憎分明的著作里，我知道了我应该走怎样的路子。敬祝
茅盾先生五十寿
梅林

像热烈地主张着所是一样，热烈地攻击着所非；像热烈地拥抱着所爱一样，更热烈地拥抱着所憎。
录迅翁语敬祝
茅盾先生五十大寿
陈白尘

临危经久战
用意妙如神
录杜工部句敬祝
茅盾先生五十寿庆
以群

二十五岁走上岗位
半生奋斗　虹　蚀　子夜
茅盾先生五十寿庆
葛琴

No. 12

陈伏庐画赠冰心《朱竹图》

年代　1946年

尺寸　91cm×33.5cm

题跋　莫道山中能绝俗，此君今已着绯衣。写奉文藻、冰心贤梁孟一笑。丙戌冬伏庐陈汉第试乾隆辛卯再和硃

钤印　『陈中翁』『伏庐七十以后作』『延平山产』

藏品简介

抗战期间，陈伏庐与冰心、吴文藻夫妇在重庆成为好友，他们对国民政府的腐败无能深恶痛绝，均表示不会与这样的政府同流合污。抗战胜利后，中国国民政府作为战胜方要派代表团前往日本，冰心、吴文藻在周恩来秘密指示下随团前往，了解战后日本社会情况。因任务特殊，冰心和吴文藻无法向陈伏庐解释。陈伏庐不明真相，以为冰心、吴文藻趋附国民党，便用朱砂画下此图送给他们，并题诗两句，以示绝交。冰心一直珍藏此画，1987年将该画捐赠给中国现代文学馆。

莫道山中能绝俗此君今已着绯衣写奉
文藻
冰心贤梁孟一笑丙戌冬仲伏庐陈汉第试乾隆年印泥和硃

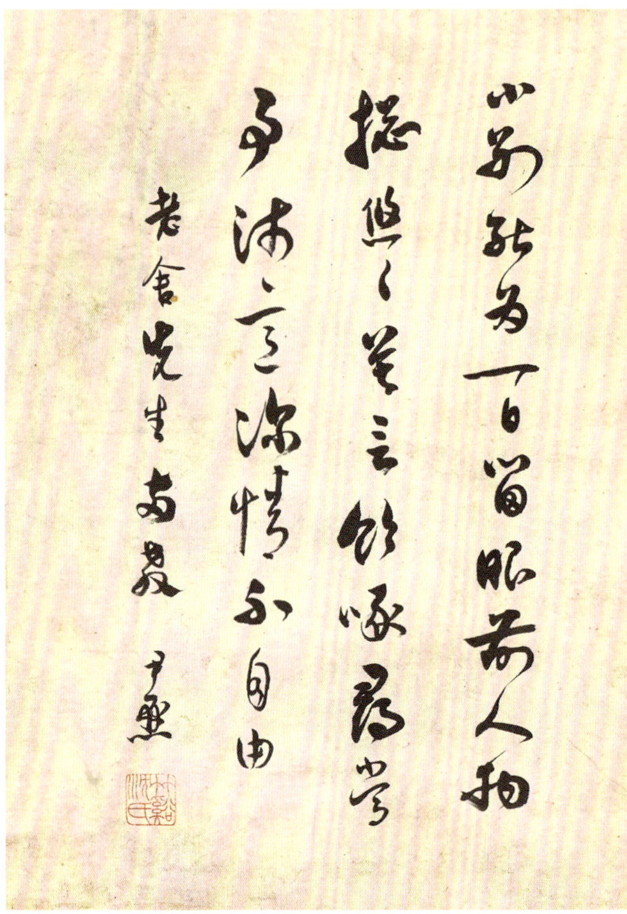

No. 13

林风眠画赠老舍《江畔人家》（沈尹默题诗）

年代　20世纪40年代

尺寸　37cm×31cm

题跋　小别能为一日留，眼前人物总悠悠。莫言饮啄寻常事，浅意深情不自由。老舍先生与教。尹默

钤印　『竹溪沈氏』

藏品简介

林风眠是20世纪中国美术界的一代宗师，这幅画林风眠创作于抗战最艰难的20世纪40年代，他试图通过江畔人家的宁静与祥和传递出对抗战胜利的信心与对和平的向往。整幅画以流畅的线条勾勒房屋与树木，水墨渲染江面与远山，画面层次分明，清新疏朗。老舍十分喜爱此画，收到画作后，特意将此画与沈尹默的题诗装裱在一起，使得该画作更显珍贵。2013年，老舍家属将该画作捐赠给中国现代文学馆。

No. 14

高剑父书法对联

年代　20世纪40年代
尺寸　133.6cm×29cm
款识　剑父
钤印　『岭南高剑』

藏品简介

高剑父是岭南画派的领军人物，这幅『海吸长河远，天包大地圆』对联大草笔走龙蛇，狂飙飞扬，独具特色。刘白羽非常喜欢这幅作品，将其长期珍藏。2004年为支持文学馆的建设，刘白羽将自己珍藏的字画全部捐赠给中国现代文学馆，其中就包含这副对联。

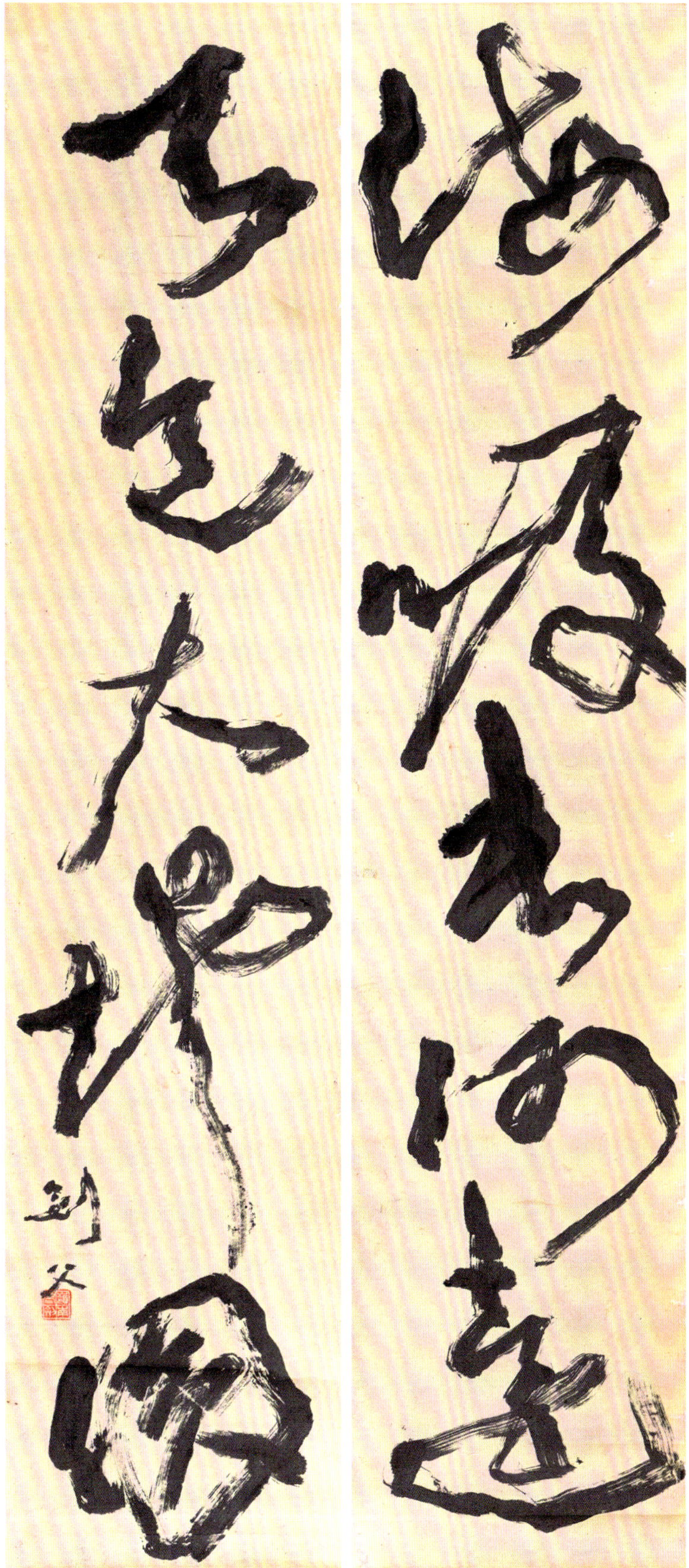

藏品简介

1951年，齐白石好友老舍抱着「难一难」白石老人的想法，刻意摘了近代诗僧苏曼殊的四句诗，请白石老人作画。这四句诗分别是：「手摘红樱拜美人」「红莲礼白莲」「芭蕉叶卷抱秋花」「几树寒梅带雪红」。齐白石反应机敏，读罢诗句，微微一笑说：「好办，不外乎就是春夏秋冬嘛。」一语点破，举重若轻。齐白石分别选取了四种植物：樱花、莲花、芭蕉、红梅，然后依次描绘。完成后的四幅画铺列开来，恰好构成了春、夏、秋、冬四季胜景图。老舍一直珍藏此画。2013年老舍家属将该画捐赠给中国现代文学馆。

No. 15

齐白石应老舍所画《手摘红樱拜美人》《红莲礼白莲》《芭蕉叶卷抱秋花》《几树寒梅带雪红》

年代　1951年

尺寸　100cm × 37cm

款识　手摘红樱拜美人。曼殊禅师句，辛卯老舍雅命。九十一岁白石画于京华城西白石铁屋

红莲礼白莲。曼殊禅师句，老舍命予依句作画。九十一白石

芭蕉叶卷抱秋花。曼殊禅师句，老舍先生请属九十一白石

几树寒梅带雪红。曼殊禅师句，九十一白石应友人老舍命

钤印　每幅画各有两枚：『大匠之门』『白石』

No. 16

齐白石画赠老舍《蛙声十里出山泉》

年代　1951年

尺寸　129cm×33cm

款识　蛙声十里出山泉。查初白句。老舍仁兄教画。九十一白石

钤印　『白石』『木人』『老舍心赏』

藏品简介

1951年老舍以清代诗人查慎行的诗句『蛙声十里出山泉』为题，邀请齐白石作画。齐白石起初苦思不得其解，后经老舍在信中建议『蝌蚪四五，随水摇曳，无蛙而蛙声可想矣』，豁然开朗，仅用数日便完成此画。画中远山苍茫，山涧急流奔涌，六只蝌蚪随波摇曳，虽无青蛙形象，却令人仿佛听到十里蛙声，生动传神，虚实相生。该画一经问世便受世人称赞。时至今日，《蛙声十里出山泉》一直被认为是齐白石的巅峰之作。老舍一直珍藏此画，2013年其家属将该画捐赠给中国现代文学馆。

蛙聲十里出山泉
查初白句
老舍仁兄教畫九十
白石

No.17

齐白石应老舍画《凄迷灯火更宜秋》

年代 1951年

尺寸 137cm×34cm

款识 凄迷灯火更宜秋。赵秋谷句。老舍兄台爱此情调冷隽之作，倩白石画，亦喜为之。辛卯白石九十一矣同客京华

钤印 『木人』『白石』『借山翁』『悔乌堂』『人长寿』

藏品简介

1951年老舍致信齐白石，提出『一灯斜吹，上飘一黄叶，有秋意矣』的构图设想。齐白石欣然应允，很快完成此作。画面中，一盏煤油灯直立，灯火在微风中摇曳如豆，一枚枯黄秋叶飘于灯焰之上，既精准呼应老舍的文学想象，又注入画家对秋意萧瑟的独到诠释，成为两位文人共同完成的绝世之作。老舍一直珍藏此画，2013年老舍家属将该画捐赠给中国现代文学馆。

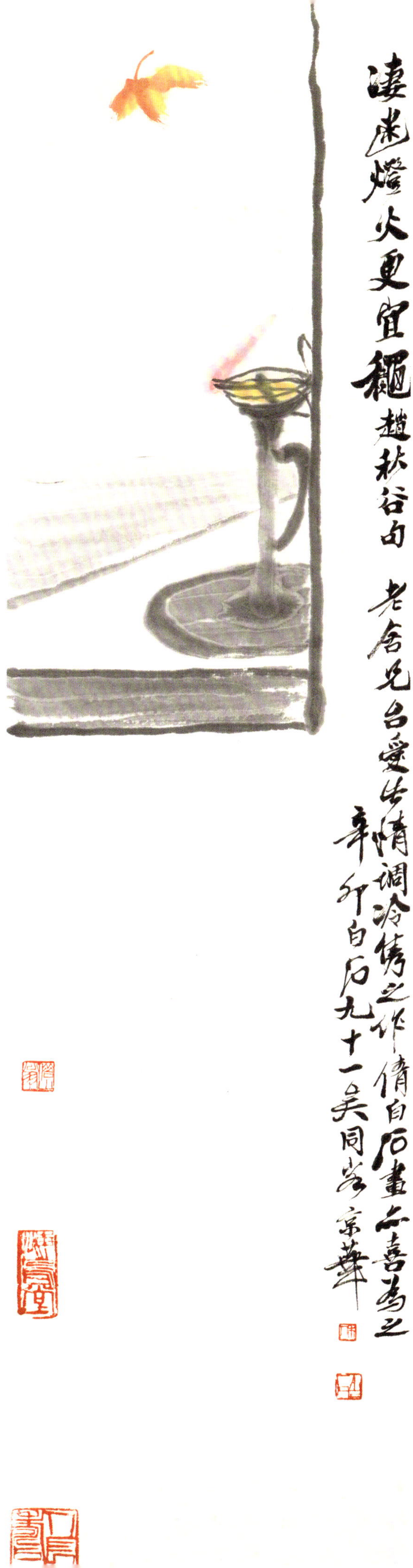
凄凉灯火更宜秋
赵秋谷句
老舍兄台爱其情调冷隽之作倩白石画余喜为之
辛卯白石九十一岁同客京华

No. 18

齐白石画赠老舍《九如图》

年代 1952年

尺寸 112cm×35cm

题跋 《九如图》：昔人有三如，予亦有余三，诗者睡之余，画者工之余，寿者劫之余者，白石之三余也。絜青夫人舍予先生同论。弟齐璜白石赠

钤印 『白石』『借山翁』『寄萍堂』

藏品简介

1952年，齐白石应老舍邀请作此画。九鱼谐音『九如』，齐白石取其谐音，既承古意，又赋新声。画面中九尾游鱼以淡墨勾勒身形，浓墨点睛提神，寥寥数笔间，鱼群的灵动之态跃然纸上。画作总体布局疏密有致，形简意丰，既是传统吉祥寓意的当代诠释，亦是两位文化大家珍贵情谊的见证。老舍一直珍藏此画，2013年老舍家属将其捐赠给中国现代文学馆。

三余图

智人有三余之乐

有余三

待者睡者

之余画者

士之余

寿者叔之余告白石之三余

絜青夫人

令子光生同论

申齐璜白石赠

逢人耻听说荆关，宗派夸能却汗颜。自有心胸甲天下，老夫看惯桂林山。为松扶杖、过前滩，二月春风雪已残。我是昔人叶公子，水边常怯作龙看。

得一首看松旧作

老舍吾弟雨教 九十二白石

No. 19

齐白石画赠老舍《雨耕图》

年代　1952 年

尺寸　70cm × 53cm

题跋　逢人耻听说荆关，宗派夸能却汗颜。自有心胸甲天下，老夫看惯桂林山。为松扶杖过前滩，二月春风雪已残。我是昔人叶公子，水边常怯作龙看。后一首看松旧作。老舍吾弟两教。九十二白石

款识　老舍仁弟法教，壬辰九十二岁璜，其时同客京华

钤印　『齐白石』『齐白石』『老舍』『寄萍堂』

藏品简介

1952 年齐白石以一幅《雨耕图》赠予挚友老舍，画作以简练笔墨勾勒出一幅烟雨农耕图。远景山丘淡墨皴染，近山树木重墨渲染，小桥浮现；中景留白似水雾氤氲；近景处，着蓑衣斗笠的农夫躬身扶犁，几笔线条便将雨中劳作的动态与诗意完美交融。《雨耕图》不仅是对农耕生活的礼赞，更暗含艺术家对知识分子『笔耕不辍』的勉励。老舍一直珍藏此画，2013 年其家属将该画作捐赠给中国现代文学馆。

No. 20

黄宾虹画赠老舍《花卉》

年代　1953年

尺寸　90cm×46cm

题跋　清道咸间，商周彝器晋魏碑碣经包安吴、陈簠斋诸先哲阐扬秘钥。画者若赵㧑叔、吴攘之多得其旨趣。温故知新，俾益来学，不为浅鲜，偶一效颦，不胜恧汗。老舍先生方家博咲。癸巳宾虹年九十

钤印　『黄宾虹』『冰上鸿飞馆』

藏品简介

老舍被誉为『当代文坛上最懂画的文人』，他对黄宾虹的艺术造诣也是极为推崇，二人虽分属文学与美术领域，却因对艺术的共同热爱而结下友谊。1953年，黄宾虹以九十高龄创作此画，赠予老舍，既为表达对友人的敬重，亦展现了他晚年艺术创作的重大成就。老舍一直珍藏此画直至去世，2013年老舍家属将该画捐赠给中国现代文学馆。

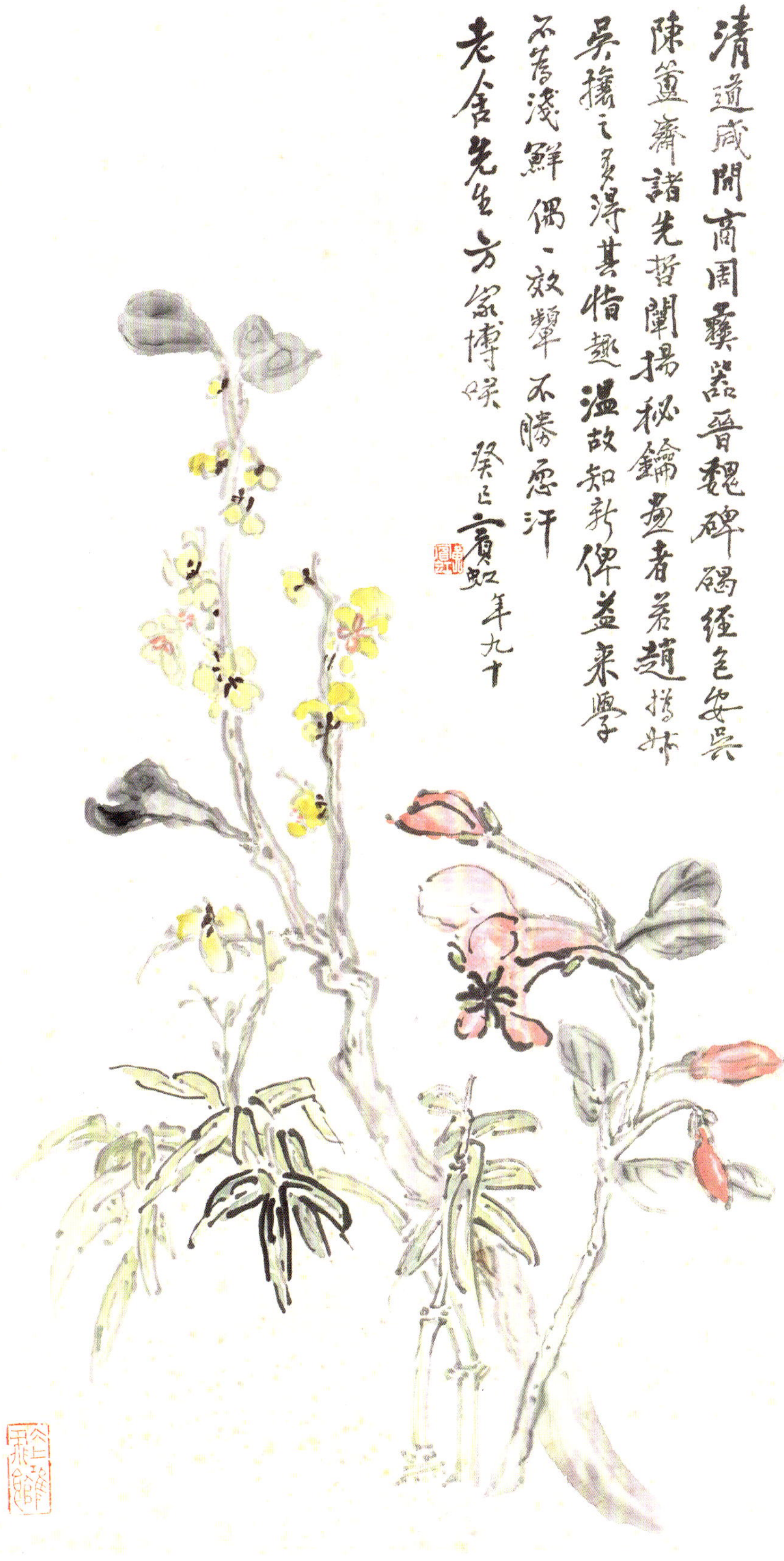
清道咸間商周彝器晉魏碑碣經包安吳
陳簠齋諸先哲闡揚秘鑰畫者若趙撝叔
吳讓之多得其指趣溫故知新俾益來學
不落淺鮮偶一效顰不勝愧汗
老舍先生方家博哂
癸巳賓虹年九十

No. 21

力群《黎明》版画

年代　1957年

尺寸　35.4cm×25.4cm

款识　黎明。徐迟同志指正。力群1957年作

藏品简介

1957年，力群为挚友徐迟创作了版画《黎明》。此时，正值新中国全面建设社会主义的初期，文艺界在『百花齐放』的号召下焕发活力。力群以《黎明》为题，既隐喻新时代的曙光，也暗含对文艺创作的希冀。徐迟一直珍藏此画直至去世，2013年其家属将该画捐赠给中国现代文学馆。

黎　明　　　　徐迟同志指正　　　　力　群 1957年作

No. 22

黄宾虹画赠刘白羽《山阁观泉图》

年代 20世纪50年代

尺寸 60cm×33.8cm

款识 山阁观泉。宾虹年九十又一

钤印 『黄宾虹』

藏品简介

刘白羽素来钟情黄宾虹的山水画作，黄宾虹在九十一岁高龄之际，特创作《山阁观泉图》相赠。此画作集天地于尺幅，容纳自然生机，不仅是文人相交的雅事缩影，更是黄宾虹以毫耋之笔，写出的毕生对自然与哲思的参悟。刘白羽一直珍藏此画，于2004年将该画作捐赠给中国现代文学馆。

山閣觀泉
賓虹年九十又一

No. 23

傅抱石画赠刘白羽

《湘夫人》

年代 1962年

尺寸 39.3cm×35.5cm

题跋 《湘夫人》：帝子降兮北渚，目眇眇兮愁予。袅袅兮秋风，洞庭波兮木叶下。一九六二年三月抱石南京并记

款识 此为近年颇为惬心之制，出示白羽同志，果承惠赏，幸甚。四月四日北京旅后抱石补记

钤印 『壬寅』『傅』『傅』

藏品简介

傅抱石与刘白羽的深厚友谊始于抗战时期，二人因文艺结缘相交数十载。1962年，傅抱石以屈原《楚辞》中的『湘夫人』为题材，画赠刘白羽。画中湘夫人立于洞庭秋色之中，身姿婉约，眉眼含愁，衣袂随风轻扬，完美诠释了『帝子降兮北渚，目眇眇兮愁予』的诗意。刘白羽一直珍藏此画，于2004年将该画作捐赠给中国现代文学馆。

No. 24

老舍题诗折扇

（赵之谦刻扇骨）

年代（扇面）1962年

尺寸 32.5cm 扇展 47cm

款识 壬寅六月偶得赵㧑叔刻扇，写唐贤一绝。舍志

钤印『舍予』

藏品简介

老舍非常喜欢收藏折扇，他认为折扇正面能画，反面能写，集画、诗、书法、篆刻于一体，具有丰富多彩的艺术内涵。此扇扇骨由清代著名书画家、篆刻家赵之谦所作，老舍于1962年在扇面题诗：『枝斗纤腰叶斗眉，春来无处不如丝。灞陵原上多离别，少有长条拂地垂。』老舍先生一直珍藏此折扇，2013年其家属将该折扇捐赠给中国现代文学馆。

枝門織腰
葉門眉春
來與霧不
如綠灞陵
原上多离
別少有長
條拂地垂
壬寅六月
偶得趙撝

No. 25

沈尹默录杜宣诗赠巴金、萧珊

年代 1963年

尺寸 84cm×41cm

款识 癸卯秋日为巴金、萧珊同志书杜宣同志诗。尹默

钤印 『瓠瓜』『吴兴沈尹默印』

藏品简介

1963年8月，巴金在上海接待冰心及日本女作家访问。几天后，巴金陪冰心去拜访著名书法家沈尹默。那天正逢下雨，但沈尹默和巴金、冰心等人交谈甚欢，沈尹默即兴挥毫，录杜宣诗赠予巴金夫妇。其内容为：『今日重游不忍池，樱花已落我来迟。不堪瘦损山顶雪，却喜新添劫后枝。碧水有情迎旧燕，东风无际拂红旗。他年再度东来日，应是萋萋芳草时。』巴金一直珍藏此书法作品，并于1987年捐赠给中国现代文学馆。

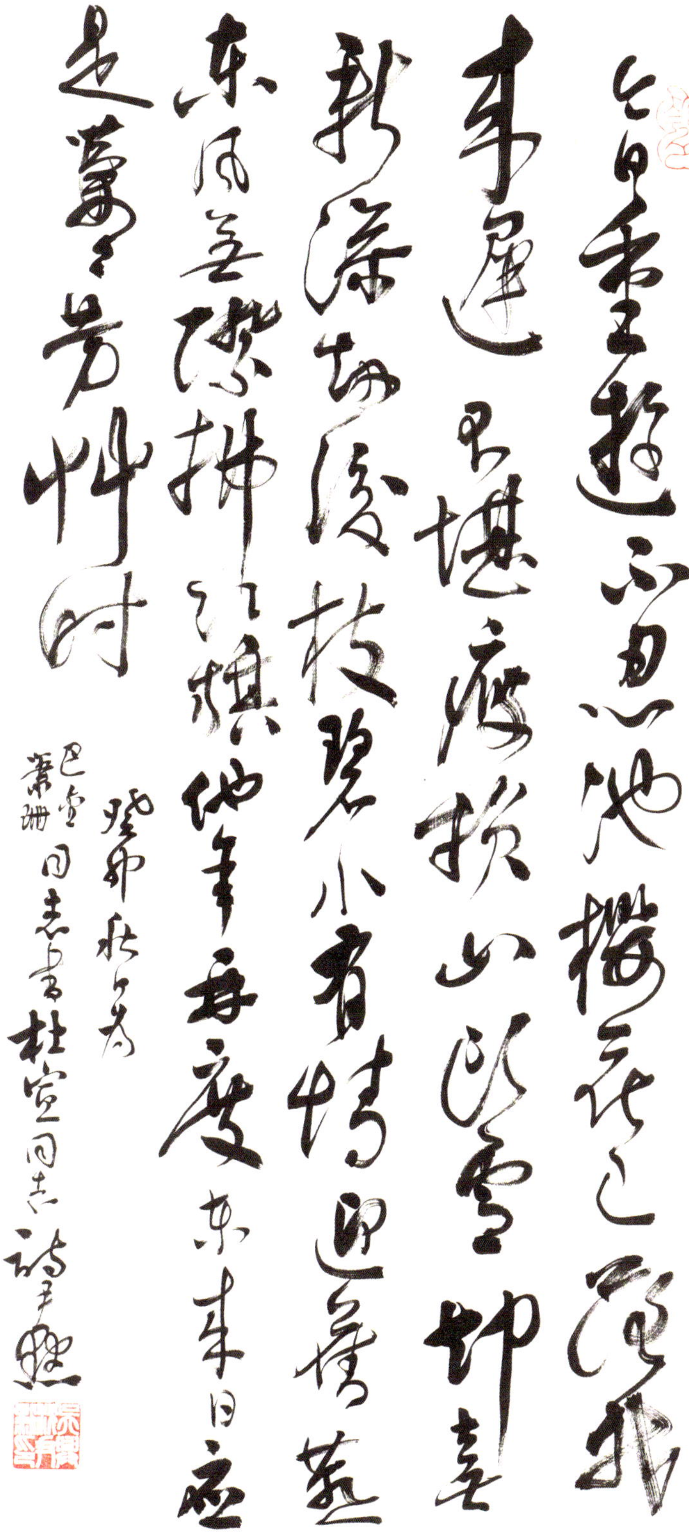

No. 26

刘旦宅《曹雪芹画像》

年代　1963年

尺寸　239.2cm×143cm

题跋　曹雪芹画像。一九六三年夏。郭沫若题

款识　旦宅作

钤印　『郭沫若』

藏品简介

1963年刘旦宅应郭沫若、阿英等人邀请，为纪念曹雪芹逝世200周年而创作曹雪芹画像。整幅画作形神兼备，笔触细腻，既具传统文人画的雅致，又融入了现代写实技法，展现出刘旦宅深厚的艺术功底。画作完成后，郭沫若欣然为这幅画作题写画名，为作品增添了厚重的文化分量。该画作原保存在故宫博物院。20世纪90年代，故宫博物院将此画作捐赠给中国现代文学馆。

曹雪芹画像
一九六三年夏 郭沫若题
旦宅作

No. 27

张仃画曹雪芹像

年代 1963年

尺寸 236cm×142cm

题跋 我闻贺鉴湖，不惜金龟掷酒垆。又闻阮遥集，直卸金貂作鲸吸。嗟余本非二子狂，腰间更无黄金珰。秋气酿寒风雨恶，满园榆柳飞苍黄。主人未出童子睡，斝乾瓮涩何可当。相逢况是淳于辈，一石差可温枯肠。身外长物亦何有，鸾刀昨夜磨秋霜。且酤满眼作软饱，谁暇齐鬲分低昂。元忠两褥何妨质，孙济缊袍须先偿。我今此刀空作佩，岂是吕虔遗王祥。欲耕不能买犍犊，杀贼何能临边疆。未若一斗复一斗，令此肝肺生角芒。曹子大笑称快哉，击石作歌声琅琅。知君诗胆昔如铁，堪与刀颖交寒光。我有古剑尚在匣，一条秋水苍波凉。君才抑塞倘欲拔，不妨斫地歌王郎。一九六三年六月张仃画曹雪芹像，老舍录敦诚《佩刀质酒歌》：有小序云，秋晓遇雪芹于槐园，风雨淋涔，朝寒袭袂。时主人未出，雪芹酒渴如狂。余因解佩刀沽酒而饮之。雪芹欢甚，作长歌以谢余，亦作此答之

钤印 『老舍印』『舒之章』『风流人物』『还看今朝』

藏品简介

1963年，为纪念曹雪芹逝世200周年，张仃应郭沫若、阿英等人之邀，创作了此大型人物画作。张仃以遒劲的线条、沉郁的笔墨，塑造了古典文学巨匠曹雪芹豪放不羁、遗世独立的文人形象。在画作右下方，有老舍题写的《佩刀质酒歌》及小序。这幅画作不仅是对曹雪芹的深切缅怀，更是20世纪中国文化界致敬传统的见证。张仃的笔墨、老舍的诗文、郭沫若等人的倡议，共同赋予这幅作品跨越时空的文化厚度。该画作原保存于故宫博物院，20世纪90年代故宫博物院将此画作捐赠给中国现代文学馆。

秋聞賀鑑湖不惜金龜擲酒壚又聞阮遥集直卸金
貂作鯨吸嗟余本非二子狂腰间更無黄金璫秋氣
釀寒風雨惡滿園榆柳飛蒼黄主人未出童子睡斝
乾甕澁何可當相逢況是淳于輩一石差可温枯腸
身外長物亦何有鸞刀昨夜磨秋霜且酤滿眼作軟
飽誰暇齊禹分低昂元忠兩襦何妨質孫濟緼袍須
先償我今此刀空作佩豈是吕虔遺王祥欲耕不能
買犢犢殺賊何能臨邊疆未若一斗复一斗令此肝
肺生角芒曹子大笑称快教擊石作歌声琅琅知君
诗胆昔如鉄堪与刀颉交寒光我有古剑尚在匣
一条秋水蒼波凉君才抑塞倘欲拔不妨斫地歌王
郎
一九六三年六月張仃画曹雪芹像老舍录敦诚
佩刀质酒歌有小序云秋晓遇雪芹於槐園風雨淋涔
朝寒襲袂時主人未出雪芹酒渴如狂余因解佩刀沽酒而
飲之雪芹歡甚作長歌以谢余余亦作此答之

藏品简介

郭沫若和郭小川都是我国著名诗人，两人相识多年，友情深厚。1964年，郭沫若录毛泽东《七律登庐山》赠郭小川：『一山飞峙大江边，跃上逶迤四百旋。冷眼向洋看世界，热风吹雨洒江天。云横九派浮黄鹤，浪下三吴起白烟。陶令不知何处去，桃花源里可耕田。』郭小川一直珍藏此书法作品，其去世后，家属于1989年将其捐赠给中国现代文学馆。

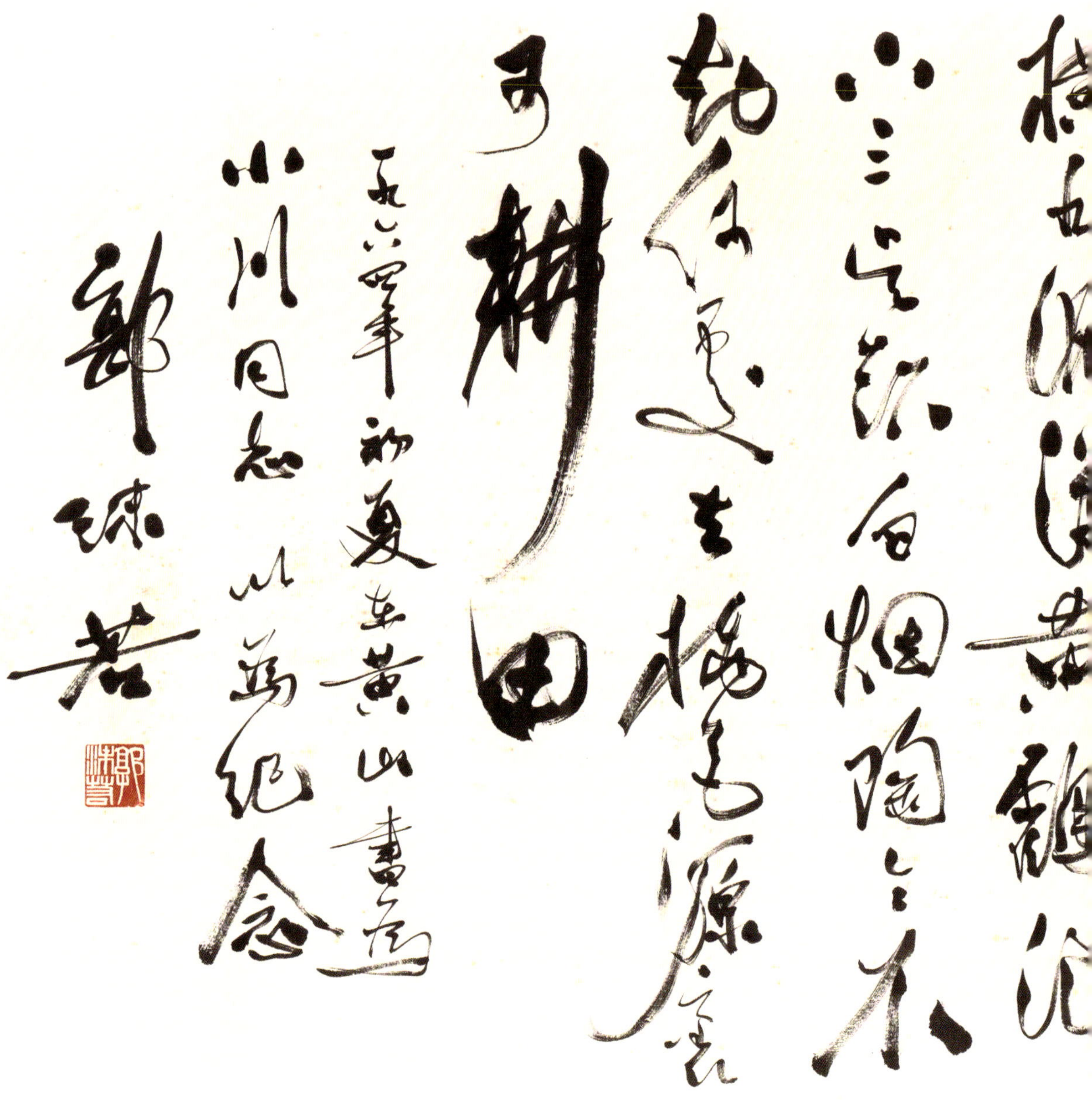

No. 28

郭沫若书赠郭小川

年代　1964年

尺寸　80cm × 150cm

款识　一九六四年初夏在黄山书为小川同志以为纪念。郭沫若

钤印　『郭沫若』

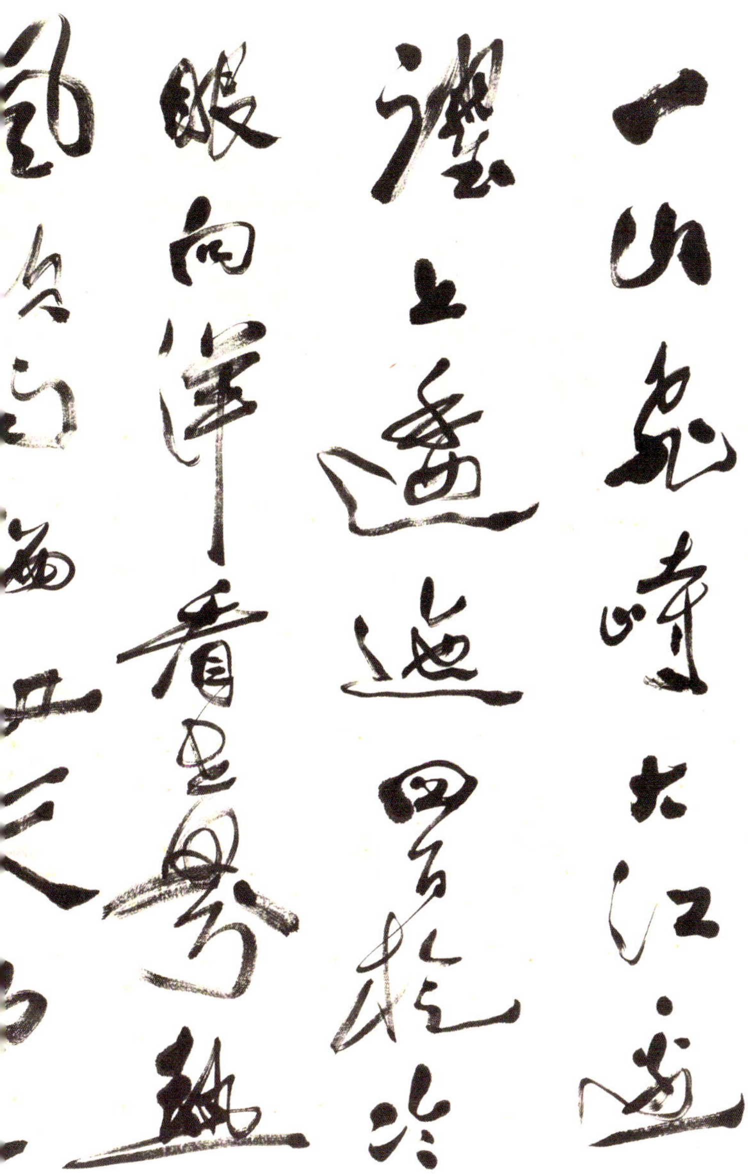

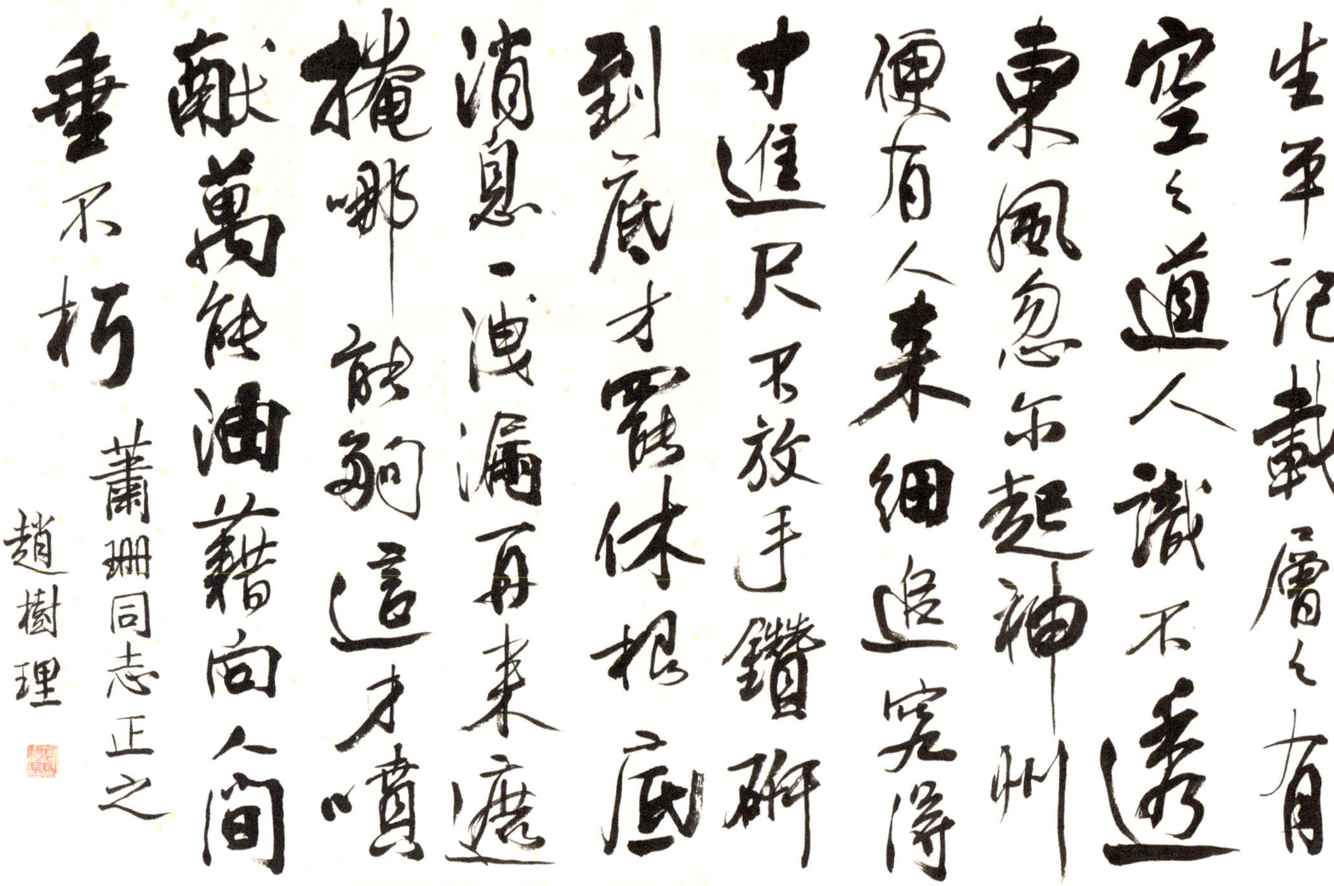

No. 29

赵树理书赠萧珊

年代　20世纪60年代

尺寸　34cm×121cm

款识　萧珊同志正之。赵树理

钤印　『赵树理印』

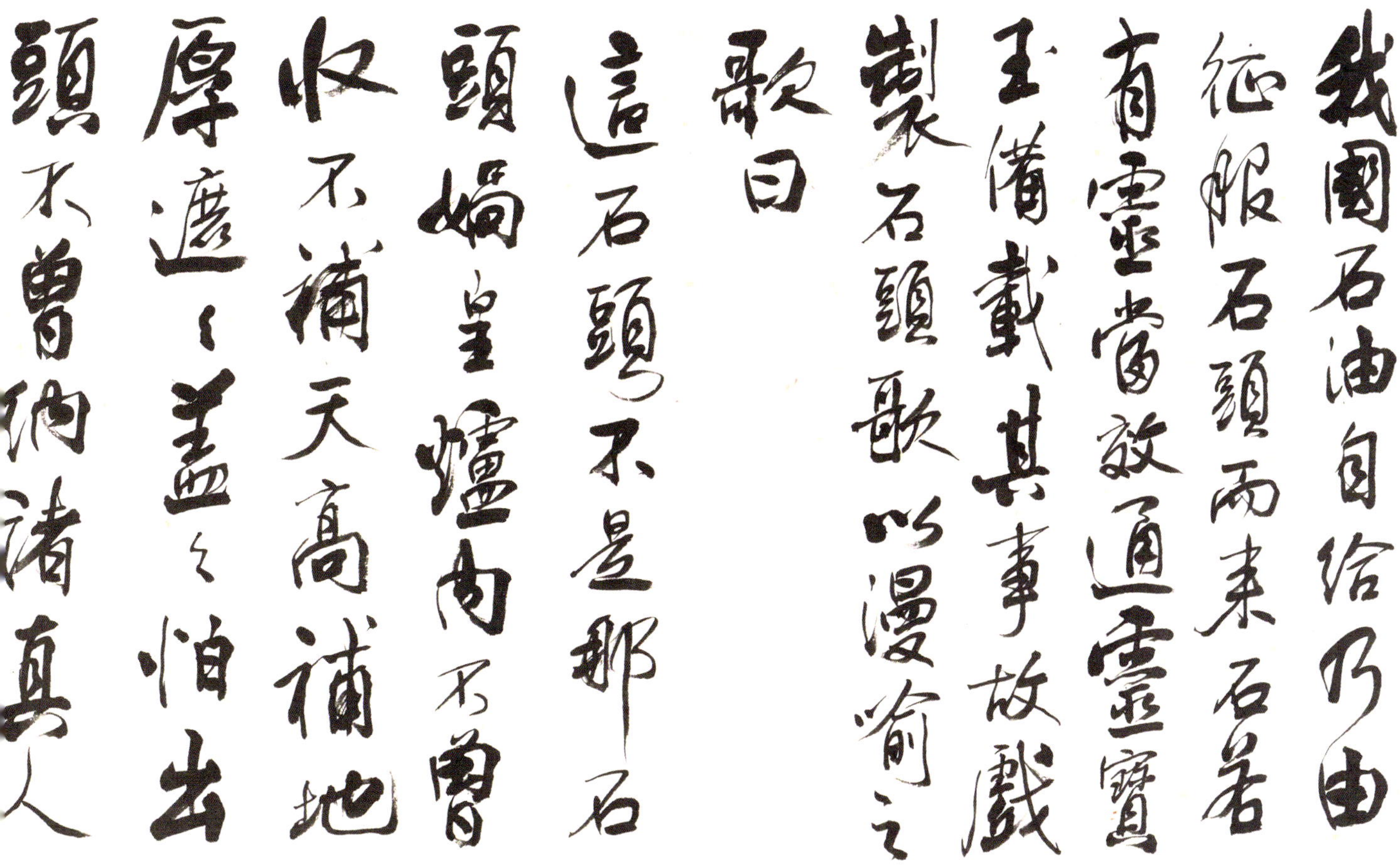

我國石油自給乃由
征服石頭而來石若
有靈當效通靈寶
玉備載其事故戲
製石頭歌以漫喻之
歌曰
這石頭不是那石
頭媧皇爐内不曾
收不補天高補地
厚遮遮蓋蓋怕出
頭不曾納諸真人

藏品简介

20世纪60年代，我国打破了帝国主义的封锁禁运，凭借自力更生、奋发图强的精神，成功开发了大庆油田，摘掉了贫油国的帽子。当时，萧珊向赵树理约稿，赵树理精心书写了这首《石头歌》，并精心装裱赠送萧珊。1987年，巴金将该书法作品捐赠给中国现代文学馆。其内容为：我国石油自给，乃由征服石头而来。石若有灵，当效通灵宝玉，备载其事。故戏制石头歌，以漫喻之。歌曰：『这石头不是那石头，娲皇炉内不曾收。不补天高补地厚，遮遮盖盖怕出头。不曾纳诸真人袖，不曾衔入公子口。生平记载层层有，空空道人识不透。东风忽尔起神州，便有人来细追究。得寸进尺不放手，钻研到底才罢休。根底消息一泄露，再来遮掩哪能够。这才喷献万能油，藉向人间垂不朽。』

No. 30

关山月画赠欧阳山《红梅》

年代 1977年

尺寸 138cm×34cm

款识 欧阳山同志属正。一九七七年关山月画于广州

钤印 『七十年代』『关山月』

藏品简介

欧阳山、关山月都是广东文学艺术界的翘楚，两人相识多年，友情深厚。1977年，关山月画红梅图赠欧阳山，用苍劲笔墨描绘了一幅红梅盛开的景象，颂扬了友人似红梅傲雪凌霜、坚韧不拔的品格，同时也暗含对时代精神的隐喻。欧阳山一直珍藏此画，在其去世后，2008年欧阳山家属将该画作捐赠给中国现代文学馆。

No. 31

赖少其书赠巴金：李守常烈士句对联

年代　1978年

尺寸　95cm×21.5cm

款识　李守常烈士句，书为祝贺。巴金同志《家》一书再版并感赐书。戊午一月于庐州韧居赖少其

钤印　「一木一石之印」「赖少其」「合以古籀」

藏品简介

赖少其与巴金是多年好友，1978年赖少其以革命先烈李大钊的名句「铁肩担道义，妙手著文章」写成对联，赠予巴金。这既是对巴金坚守文学理想的礼赞，亦是对新时代知识分子「铁肩担道义」使命的呼唤。巴金一直珍藏此作，1987年将其捐赠给中国现代文学馆。

鐵肩擔道義
妙手著文章
李守常烈士句 書爲祝賀
巴金同志家一書再版并感賜書
戊午一月于廬州耕居賴少其

No. 32

黎雄才画赠欧阳山《山水》

年代　1978年

尺寸　68cm×34cm

款识　欧阳山、虞迅同志留念并请正之。一九七八年四月雄才画

钤印　『黎』『雄才』

藏品简介

黎雄才和欧阳山均为广东知名文学艺术家，彼此欣赏，友情深厚。1978年，文艺界迎来思想解放的春风，黎雄才以岭南画派为基础，融合现代画法，创作出这幅色彩青绿的『黎家山水』以赠欧阳山。画作朦胧俊美，灵动飘逸。欧阳山一直珍藏此画，2008年其家属将该画捐赠给中国现代文学馆。

欧陽山
虞迅同志
留念并請
政之
一九七八年
四月
雄才畫

No. 33

黎雄才画赠刘白羽

年代 1979年

尺寸 96cm×49cm

题跋 一九七八年九月赴青海龙羊峡畅游青海湖，至皋兰与白羽同志相遇，同乘机往嘉峪关，复至敦煌，相遇同至鸣沙山月牙泉，并西出阳关捡得小石以贻之，并属余作画以留纪念，久无以应命。一九七九年五月至北京，家中匆匆写此，请正之。雄才

钤印 『黎』『雄才』

藏品简介

1978年，刘白羽和黎雄才受邀从兰州乘机前往敦煌、嘉峪关、吐鲁番等地参观，二人一见如故。1979年黎雄才赴京前特作此画赠予刘白羽。刘白羽一直珍藏此画，并于2004年将该画作捐赠给中国现代文学馆。

No. 34

关良画赠巴金《伏虎罗汉》

年代　1980年
尺寸　67.3cm×45cm
款识　伏虎罗汉。巴金同志教正。庚申冬月。番禺关良
钤印　『关良』

藏品简介

关良是我国现当代著名画家，也是我国油画的早期传播者与开拓者。其作品具有独特的艺术风格，尤其是在油画民族化的研究方面，极具造诣。1980年，关良为好友巴金创作了这幅《伏虎罗汉》，巴金一直珍藏此画，于1987年将其捐赠给中国现代文学馆。

伏虎羅漢
庚申冬月 番禺関良
巴金同志教正

No. 35

吴作人画赠阳翰笙《漠上》

年代　1983年

尺寸　83cm×58.4cm

款识　漠上。癸亥重图以似翰老存念。作人

钤印　『寥廓』『吴』『作人写意』

藏品简介

1983年，吴作人在阳翰笙家中看到自己20世纪40年代送给阳翰笙的一幅画作，自感旧作未尽其意，遂主动提出以新作置换，于是便有了这幅《漠上》。画中骆驼昂首阔步于沙漠之中，笔触苍劲有力，墨色晕染相宜，筋骨肌理尽显雄劲之力，展现了吴作人对『大美』的独特诠释。阳翰笙一直珍藏此画，2003年其家属将该画捐赠给中国现代文学馆。

No. 36

赵朴初书赠冰心《金缕曲》

年代 1988年

尺寸 80cm×150cm

款识 周总理逝世周年感赋，一九七七年一月作。十年之后，哀未能忘。遵冰心大姊命书之共存永念。一九八八年七月。朴初

钤印 『无尽意』『赵』『朴初』

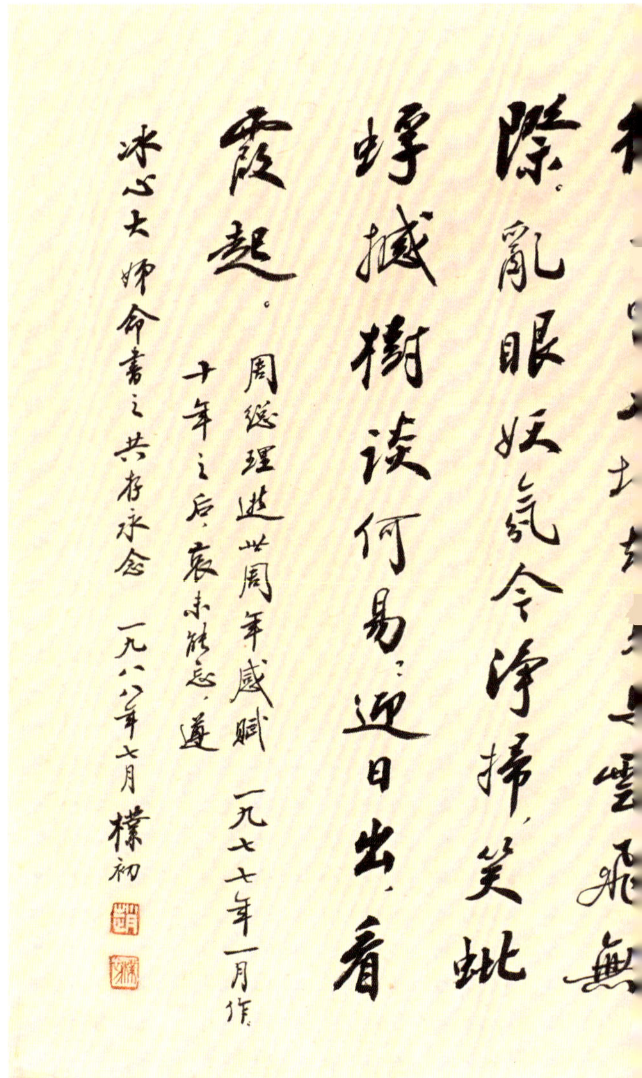

藏品简介

20世纪60年代，赵朴初与冰心结为挚友。1988年，赵朴初应冰心之邀，重新书写其1977年创作的《金缕曲》，试图以诗词与书法相融合的方式来表达对周恩来总理的深切缅怀和崇敬之情。全文沉郁顿挫，情感磅礴，行草书就，笔墨苍劲，尽显哀思肃穆之气。

《金缕曲》内容为：『转瞬周年矣，念年前伤心情景，谁能忘记？缓缓灵车经过路，万众号呼总理，泪尽也赎公无计。人似川流花似海，天安门尽是觇民意。愁鬼蜮，喜魑魅。古今相业谁堪比？为人民鞠躬尽瘁，死而后已。雪侮霜欺香益烈，功德长留天地。却身与云飞无际。乱眼妖氛今净扫，笑蚍蜉撼树谈何易？迎日出，看霞起。』

金縷曲

轉瞬周年矣。念年前傷
心情景，誰能忘記？縷縷靈車
經過路，萬衆號呼總理。淚
盡也，贖以無計。人似川流花
似海，天安門儘是觀民意。悲
鬼蜮，吞魑魅。 古今相業誰
堪比？爲人民鞠躬盡瘁，死

No. 37

冰心书赠巴金

年代　1990年
尺寸　32cm×24cm
款识　巴金老弟留念。冰心一九九〇·八·十
钤印　『冰心』

藏品简介

1990年10月巴金生日前夕，冰心以鲁迅赠瞿秋白的名言『人生得一知己足矣，斯世当以同怀视之』创作了这幅书法作品赠予巴金。冰心以清秀雅致的行楷书写，笔墨温润，字迹端庄，既显文人书法的隽秀，又含女性特有的柔美，用凝练的文字表达出文人之间以心相交、以志相合的深厚情谊。20世纪90年代，巴金将该书法作品捐赠给中国现代文学馆。

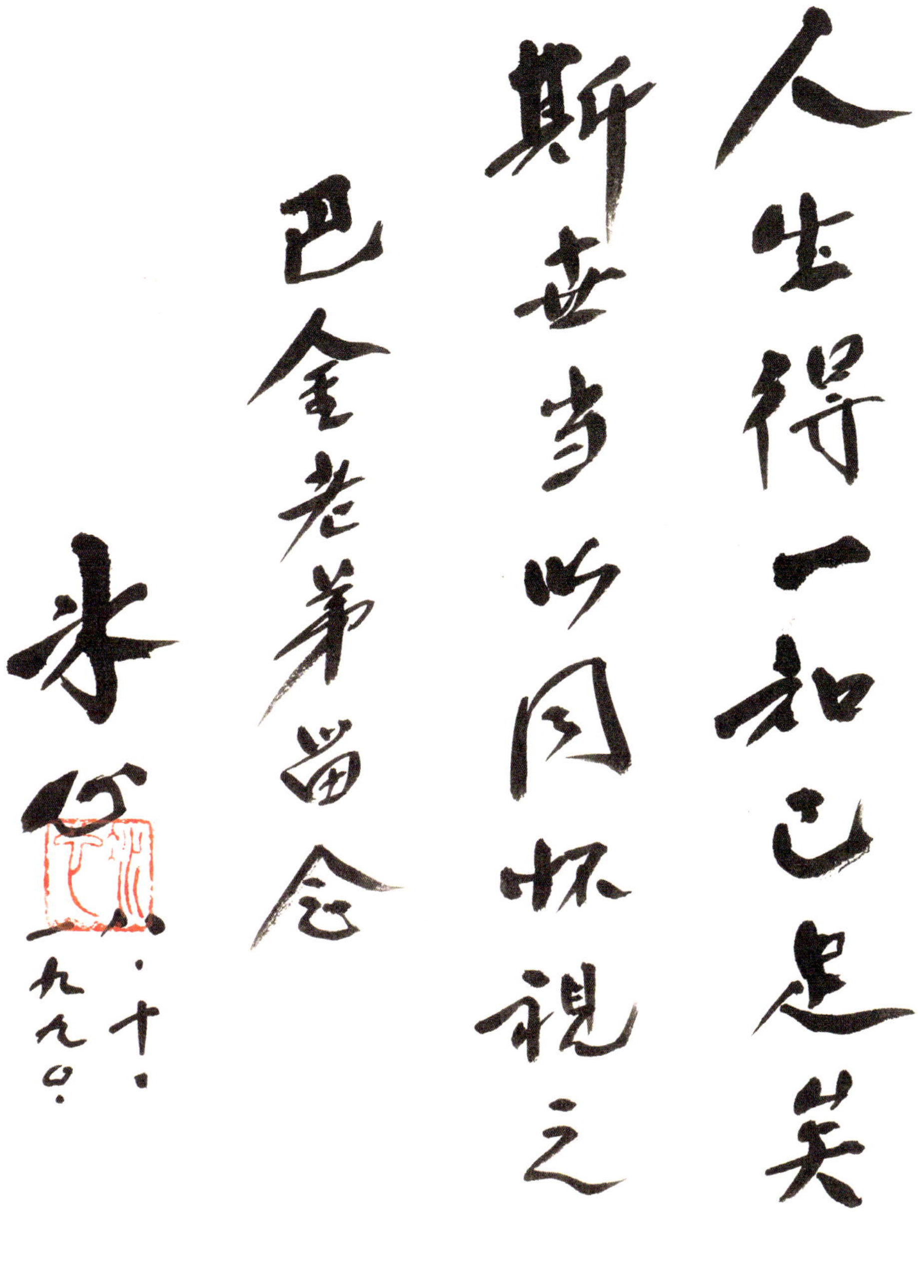
人生得一知己足矣
斯世当以同怀视之
巴金老弟留念
冰心
一九九〇.十.

No. 38

关山月画赠刘白羽

《墨梅》

年代　1990年

尺寸　128.3cm×52cm

款识　白羽吾兄方家嘱画墨梅，草此以应，乞即正之。一九九〇年元旦开笔之作。漠阳关山月于珠江南岸

钤印　『九十年代』『漠阳』『关山月印』

藏品简介

1990年元旦，刘白羽赴广州拜访关山月。老友重逢之际，关山月欣然挥笔，创作此画以为新年贺礼。关山月以水墨写梅，既承袭传统国画的写意精神，又兼具岭南派的传统技艺和个人风格。更以独特视角和笔触表现出梅花枝干如铁，繁花盛开的风姿，雄浑厚重，既有骨感又富有生命力。刘白羽一直珍藏此画，2004年将该画作捐赠给中国现代文学馆。

No. 39

关山月书赠刘白羽

年代　1996年

尺寸　（楹联）34cm×138cm

（七律）58.5cm×27.4cm

款识　一九九六年金秋。刘白羽同志八十寿辰纪念。漠阳关山月敬贺

钤印　『九十年代』『关山月』

藏品简介

1978年，刘白羽和关山月受邀从兰州乘机前往敦煌、嘉峪关、吐鲁番等地参观。他们一见如故，此后时常在北京、广州相聚。1996年，刘白羽把自己的著作《心灵的历程》送给关山月，关山月读后作七律一首、楹联一副，并以此作为刘白羽八十寿辰贺礼。这两幅作品既是关山月对友人文学成就的礼赞，亦是对其人生历程的感怀。刘白羽一直珍藏这两件书法作品，于2004年将它们捐赠给中国现代文学馆。楹联内容为：『豪情尽诉心灵笔，铁骨幽香雪里梅。』七律内容为：『刘翁身世识秋冬，石上寒梅雪里红。走西奔东烽火线，出南入北死生中……』

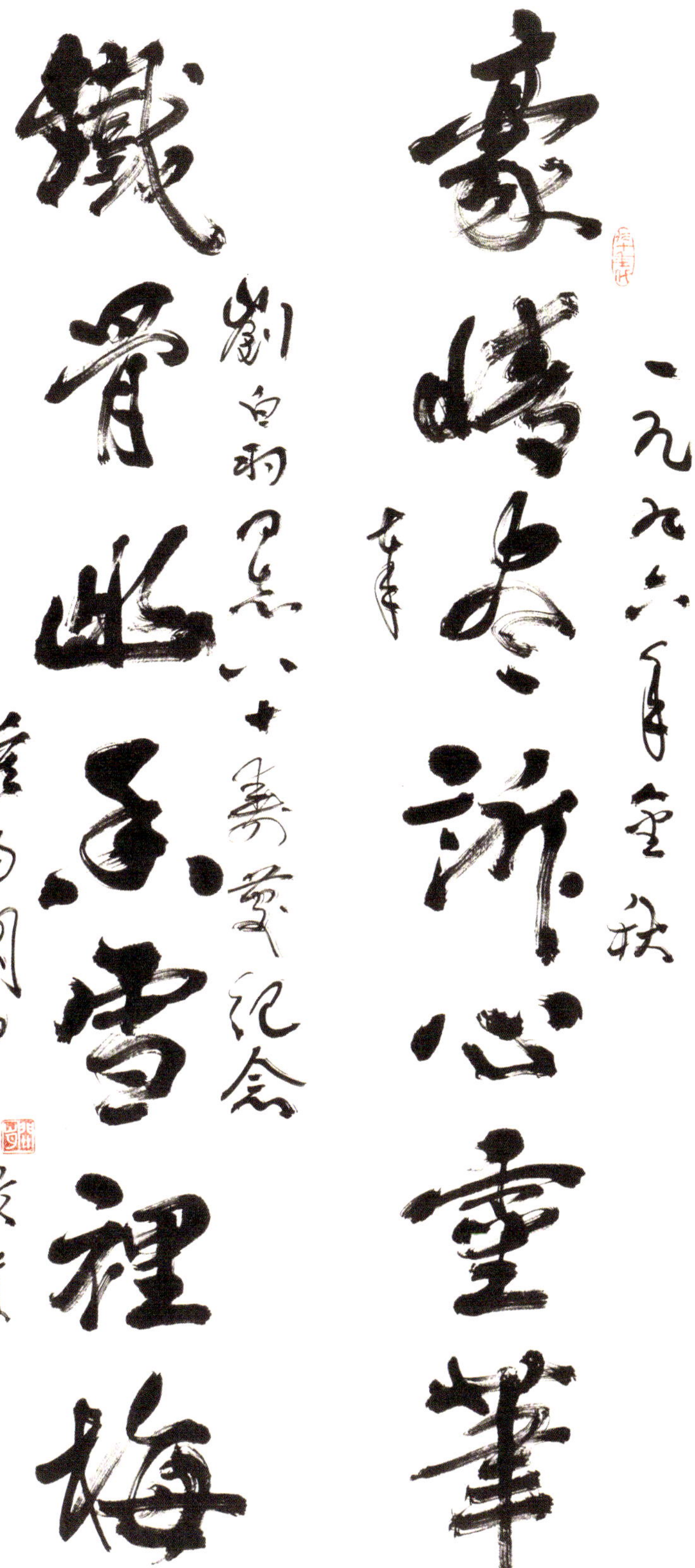
鐵骨幽香雪裡梅
一九九六年金秋
劉白羽同志八十壽辰紀念
敬賀

未拆阅）到今天才算草草读完。我集述没有你一生丰富的经历，由于我们是同时代人，所以读起来很亲切，很受感动，很受鼓舞！

从文集的序文和年表里，得知你是一九一六年出生，今年是八十岁大寿。现实上，心灵的历程，读后感赋七律一首，橙联一副，不揣冒昧地写上请会，聊表一点心意。如能将拙作见诸报端，则更能表达我对你的敬意！如方便的话，敬请你试予安排发表是盼。谨此顺颂

撰安

一九九六年十月廿九日

（另附拙作小诗一首，橙联一副）

劉氏丹心識秋冬，石上寒梅雪里紅。走西奔東烽火織，出南入北死生中。革命征途光明史，人生正道造化功。天地留其誰主宰？心靈經歷鼓雄風。

劉白羽壽誕心靈的歷程讀后有感賦此

一九九六年八月 關山月 於珠江南岸

劉白羽同志：劉公好在念中！！經我又疏闊遲，請多多見諒！！我也未回視了衰退，讀書看報都很

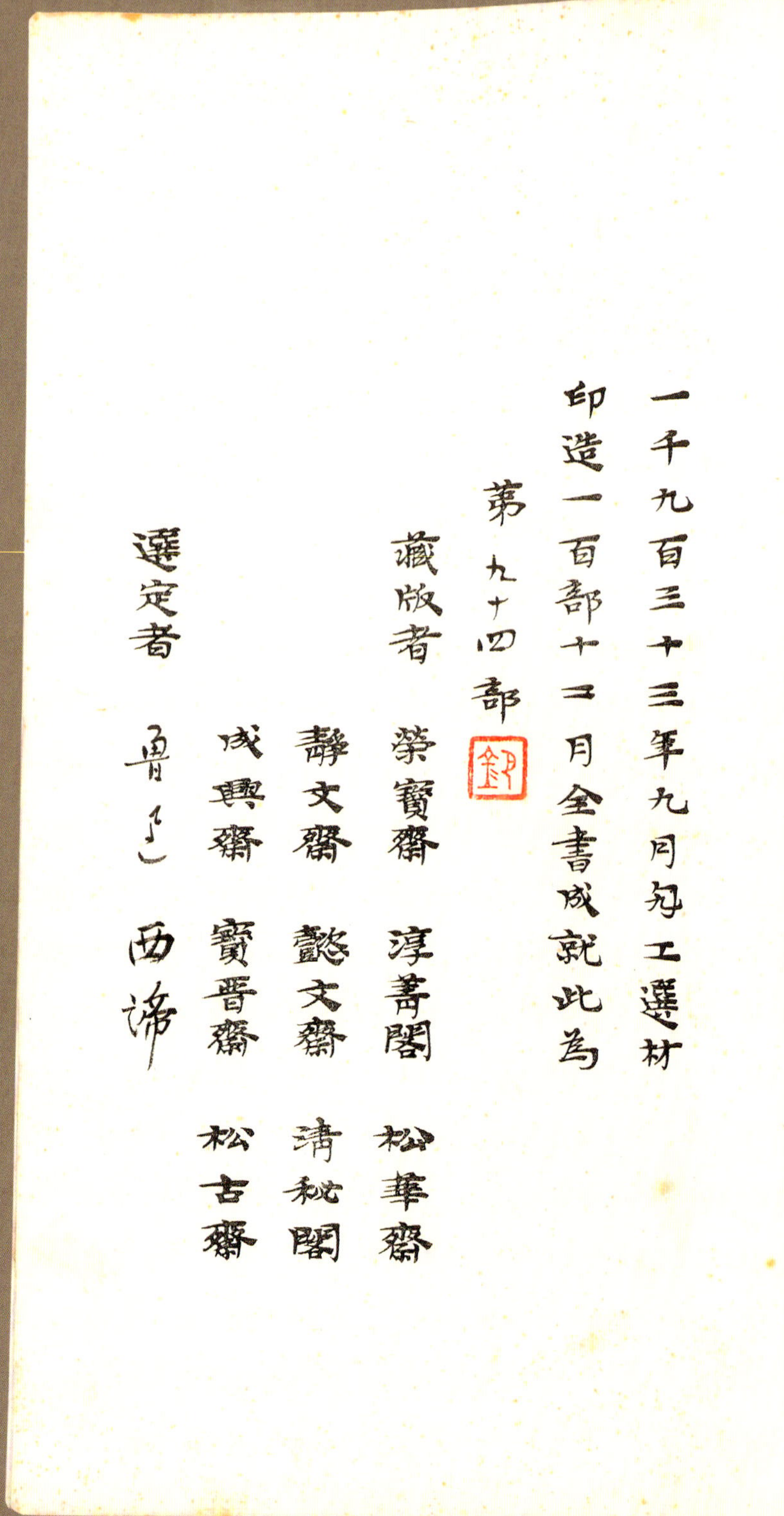

一千九百三十三年九月勼工選材
印造一百部十二月全書成就此為
第九十四部

藏版者 榮寶齋 淳菁閣 松華齋
靜文齋 懿文齋 清秘閣
成興齋 寶晋齋 松古齋

選定者 魯迅 西諦

第三部分

馆藏一级书刊

No.1

玉情瑶怨馆校刻林纾译《巴黎茶花女遗事》

年代 1901年

尺寸 25.1cm×14.9cm

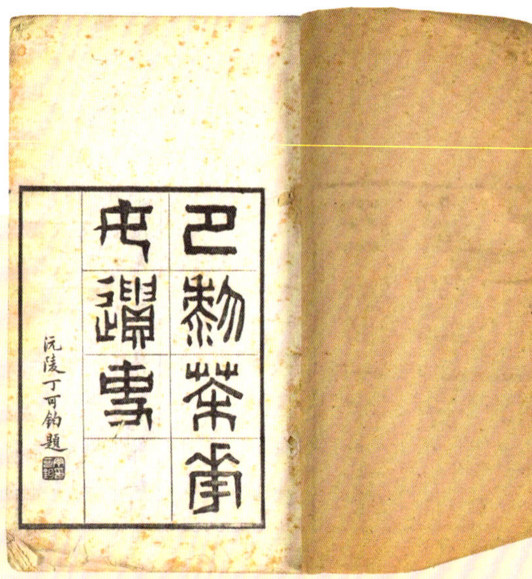

藏品简介

（法）小仲马著，林纾译，清光绪二十七年（1901）玉情瑶怨馆刻本，线装，石印，16行28字，共49页，是林纾翻译的第一部西方小说。此书自问世后非常受欢迎，『中国人所未见，不胫走万本』，一时出现『洛阳纸贵』的盛况。严复更是盛赞『可怜一卷茶花女，断尽支那荡子肠』，从而深深影响了一大批清末民初文人，对中国新文学的发展有着极为重要的影响和意义。此版为林译著之早期版本，刻工精湛，装帧精良。此本原为唐弢珍藏，其夫人沈絜云于2000年捐赠给中国现代文学馆。

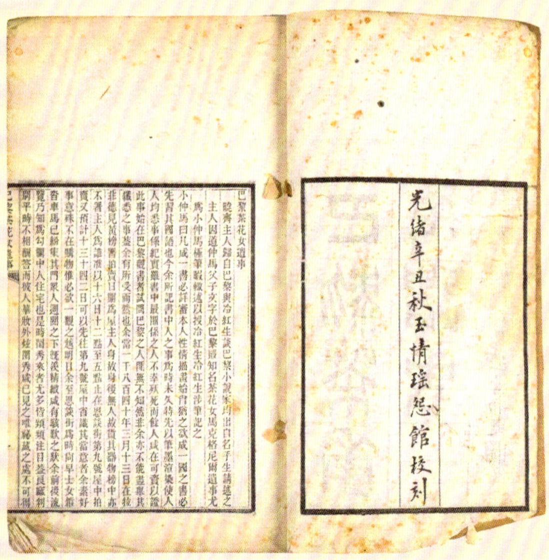

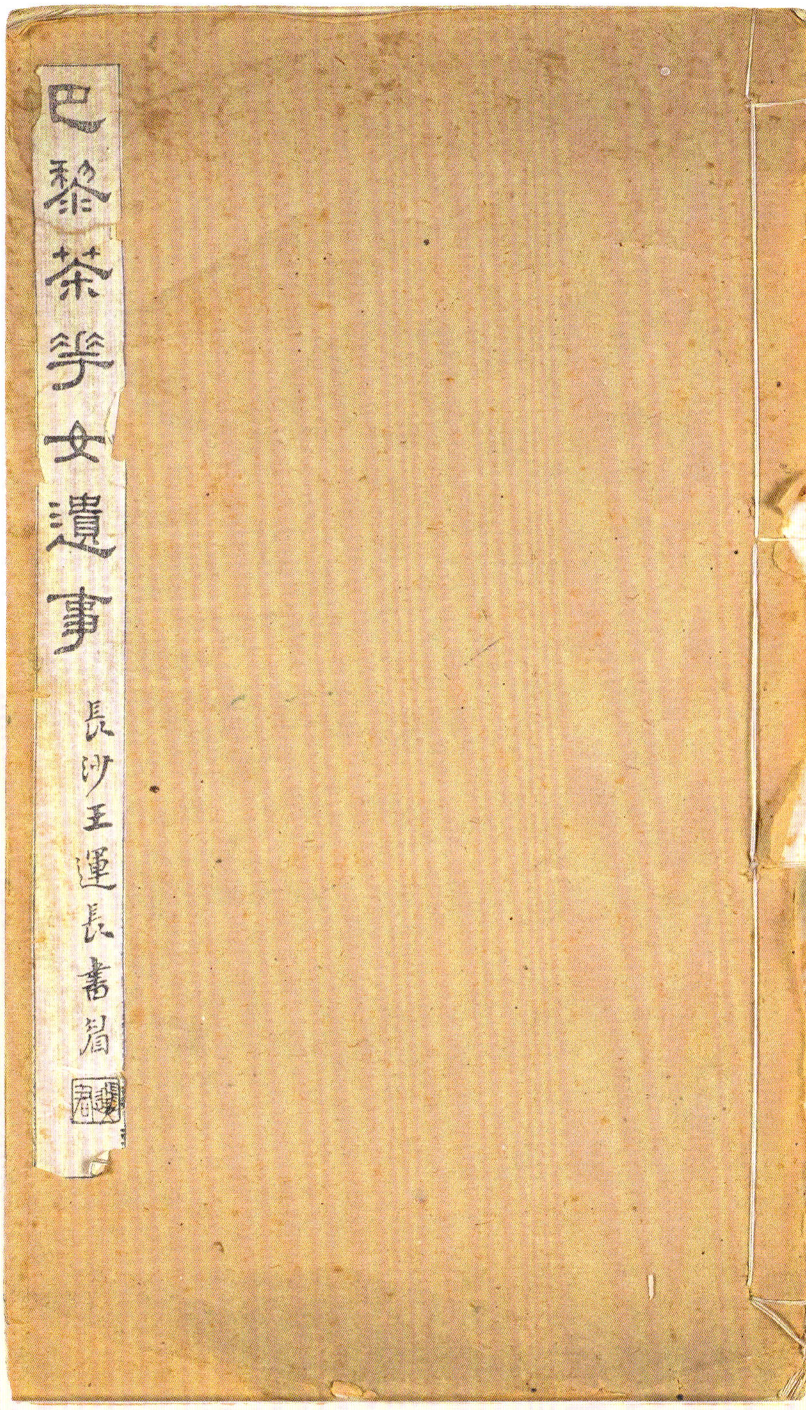
巴黎茶花女遺事
長沙王運長書眉

No. 2

国民报社藏版
谭嗣同著《仁学》

年代　1901年
尺寸　22.4cm×14.8cm

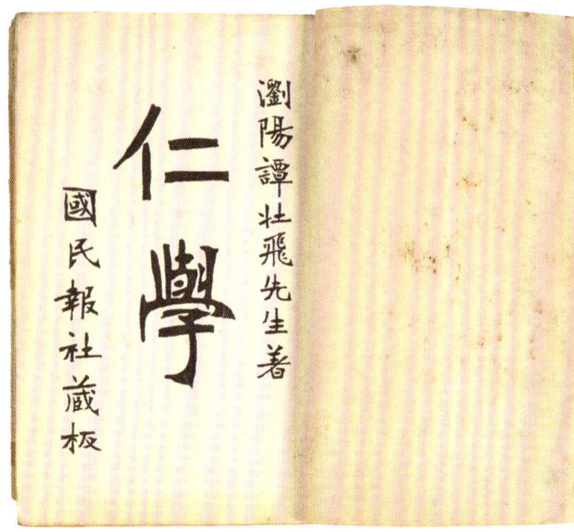

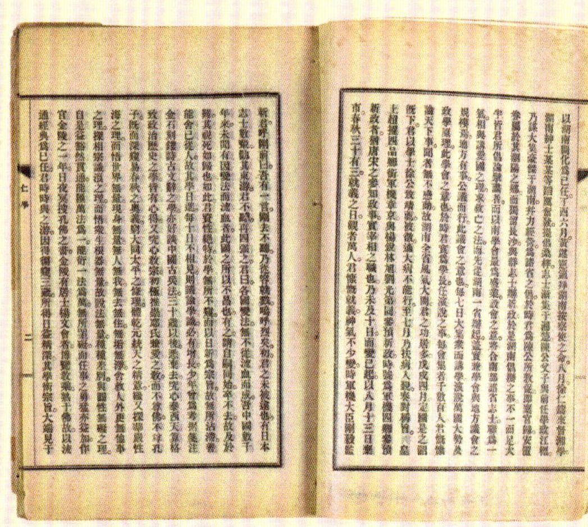

藏品简介

谭嗣同著，国民报社藏版，1901年线装铅印，是谭嗣同的重要代表作，也是《仁学》最早的单行本，更是晚清少见的体系化、熔铸中西思想于一冶的著作。此书反对封建纲常，彰显自由、民主、科学，声张人权等，是中国近代思想史中的重要著作。此本原为唐弢珍藏，其夫人沈絜云于2000年捐赠给中国现代文学馆。

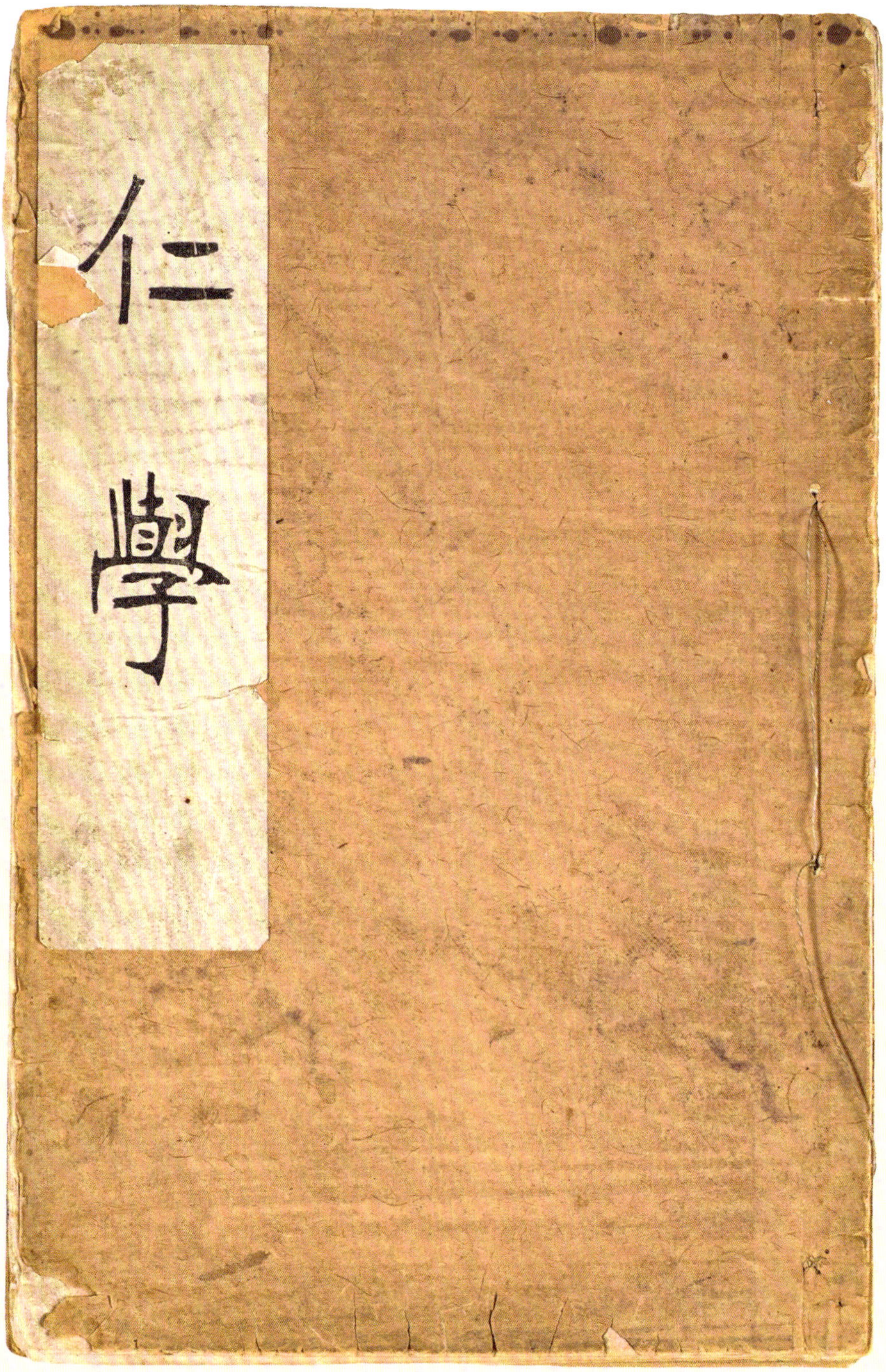
仁學

No. 3

东京进化社出版 鲁迅译《月界旅行》

年代 1903年10月

尺寸 22.3cm×15.2cm

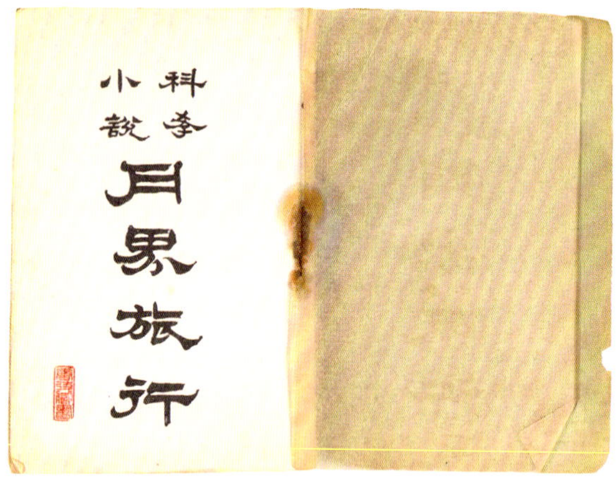

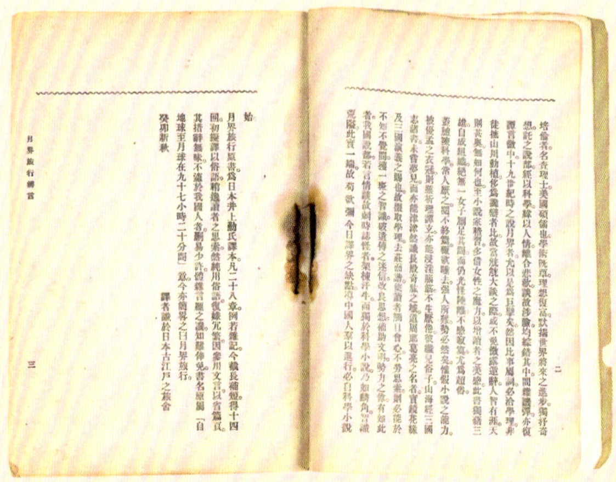

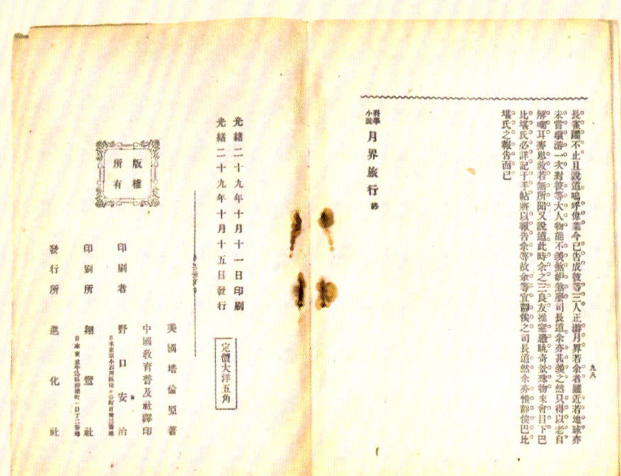

藏品简介

（美）培伦著，1903年10月中国教育普及社译印，东京进化社发行，扉页钤『唐弢藏书』印。此书出版时因采取卖稿方式，未标注译者具体姓名，实为鲁迅早年在日本留学期间，根据井上勤的日译本翻译的法国科幻作家凡尔纳的作品（日译本误将作者署为美国培伦，鲁迅译本亦误署之），是为鲁迅译介的重要科学小说之一。此书出版时间较早，在鲁迅译著单行本中不易得到，十分珍贵。此本为唐弢花重金从书商手中购得，并长期珍藏，其夫人沈絜云于2000年捐赠给中国现代文学馆。

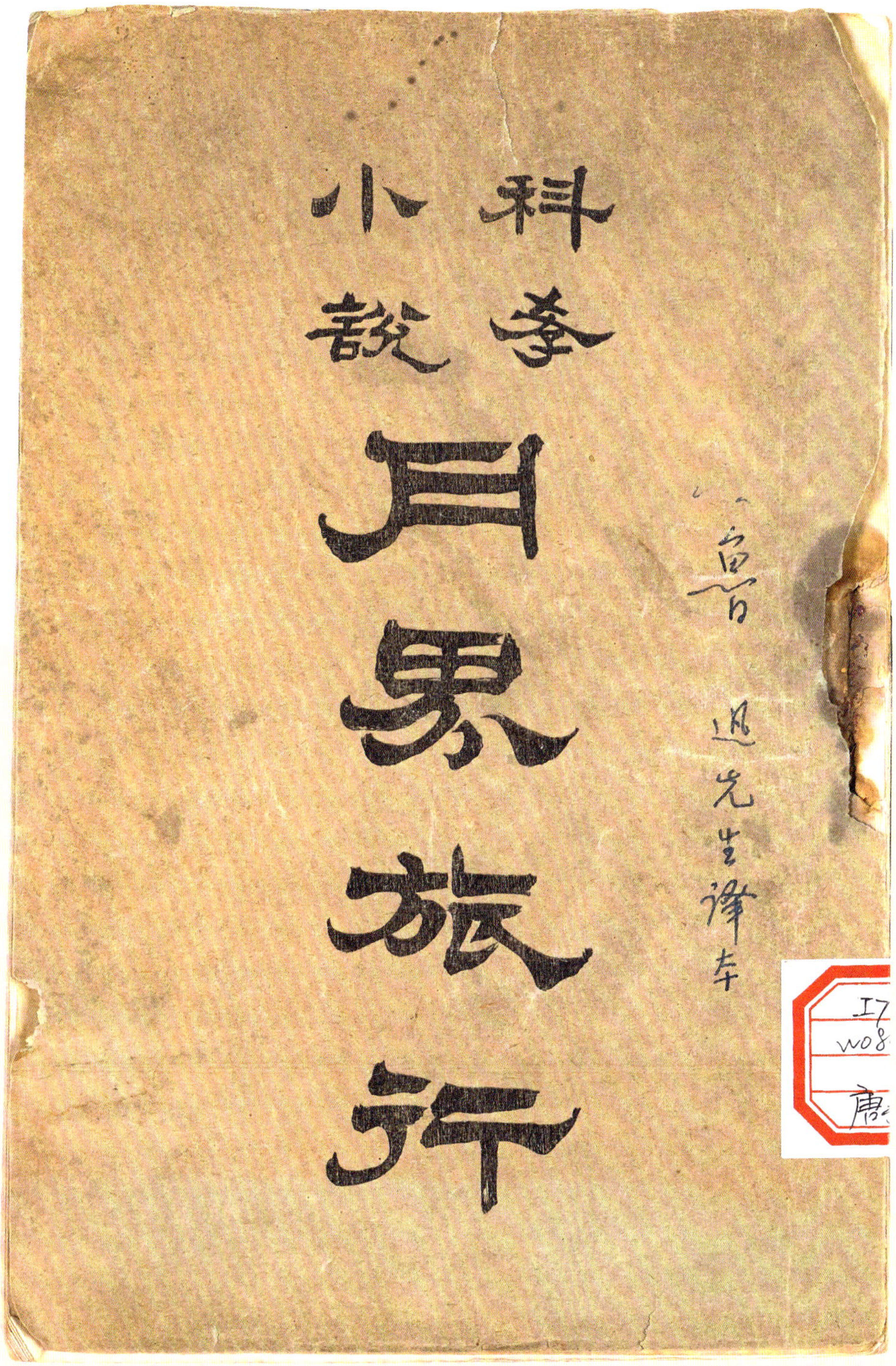
科學小說
月界旅行
魯迅先生譯本

No. 4

普及书局出版鲁迅译《地底旅行》

年代 1906年3月

尺寸 18.8cm×13cm

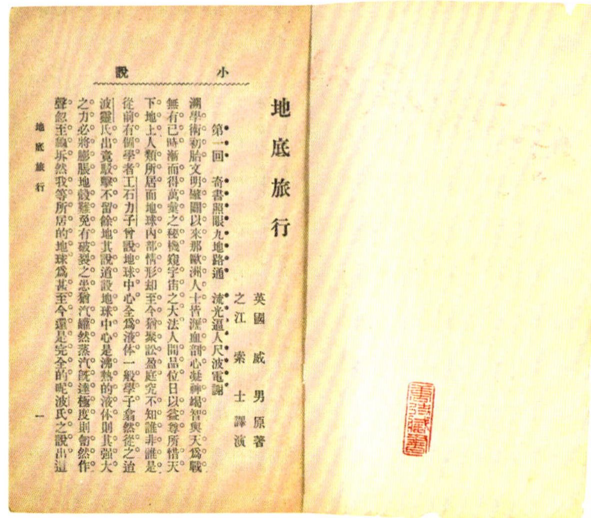
地底旅行

英國 威男 原著

之江 索士 譯演

小說

第一回 奇書照眼九地路通 流光逼人尺波電謝

溯學術初胎文明肇闢以來那歐洲人士皆瀝血剖心凝神竭智與天爲戰無有已時漸而得萬彙之秘機窺宇宙之大法人間品位日以益尊所惜天下地上人類所居而地球內部情形卻至今猶聚訟盈庭究不知誰非誰是從前有個學者工石力子曾說地球中心全爲液體一般學子翕然從之迨波靈氏出竟駁擊不留餘地其說道設地球中心是沸熱的液体則其強大之力必將膨脹地殼難免有破裂之患猶汽罐然蒸汽既達極度則㔩然作聲忽至爆坼然我等所居的地球爲甚至今還是完全的呢波氏之說出這

地底旅行 一

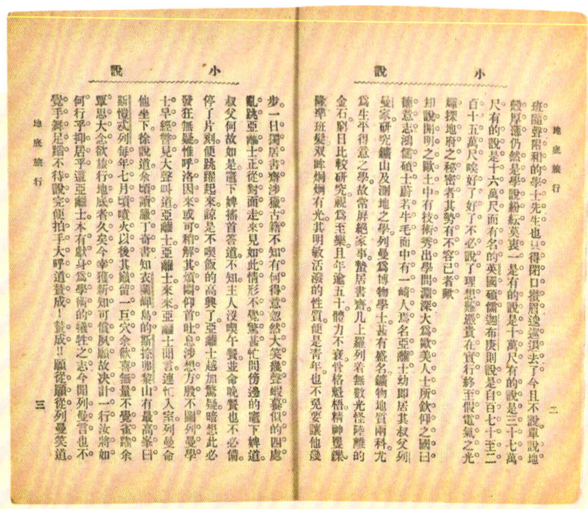

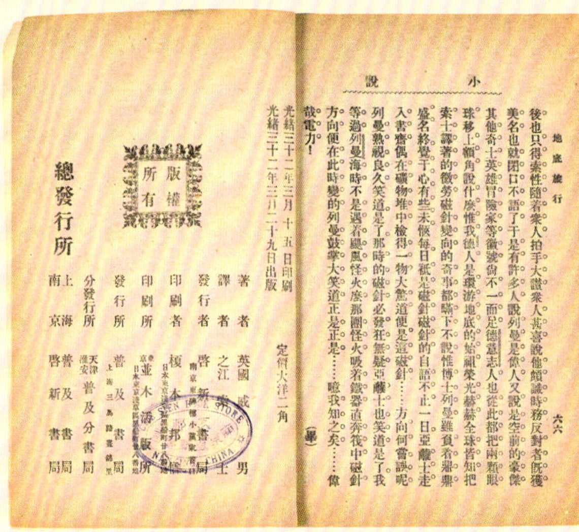
哉電力！

（畢）

光緒三十二年三月十五日印刷

光緒三十二年三月二十九日出版

定價大洋二角

版權所有

著者 英國 威男

譯者 之江 索士

發行者 啓新書局

印刷者 榎本邦

印刷所 並木活版所

發行所 普及書局

分發行所 天津 淮安 普及分書局

總發行所 上海 普及書局 南京 啓新書局

藏品简介

（英）威男著，之江索士（鲁迅早期笔名）译，1906年3月日本并木活板所印刷，上海普及书局发行，初版本，是鲁迅留学日本期间重要的文学翻译作品，也是鲁迅译介的重要科学小说之一。此科学小说的出版，给当时中国的青年带来了极大震撼，也对中国科幻小说的启蒙和发展产生了一定影响。此本原为唐弢珍藏，其夫人沈絜云于2000年捐赠给中国现代文学馆。

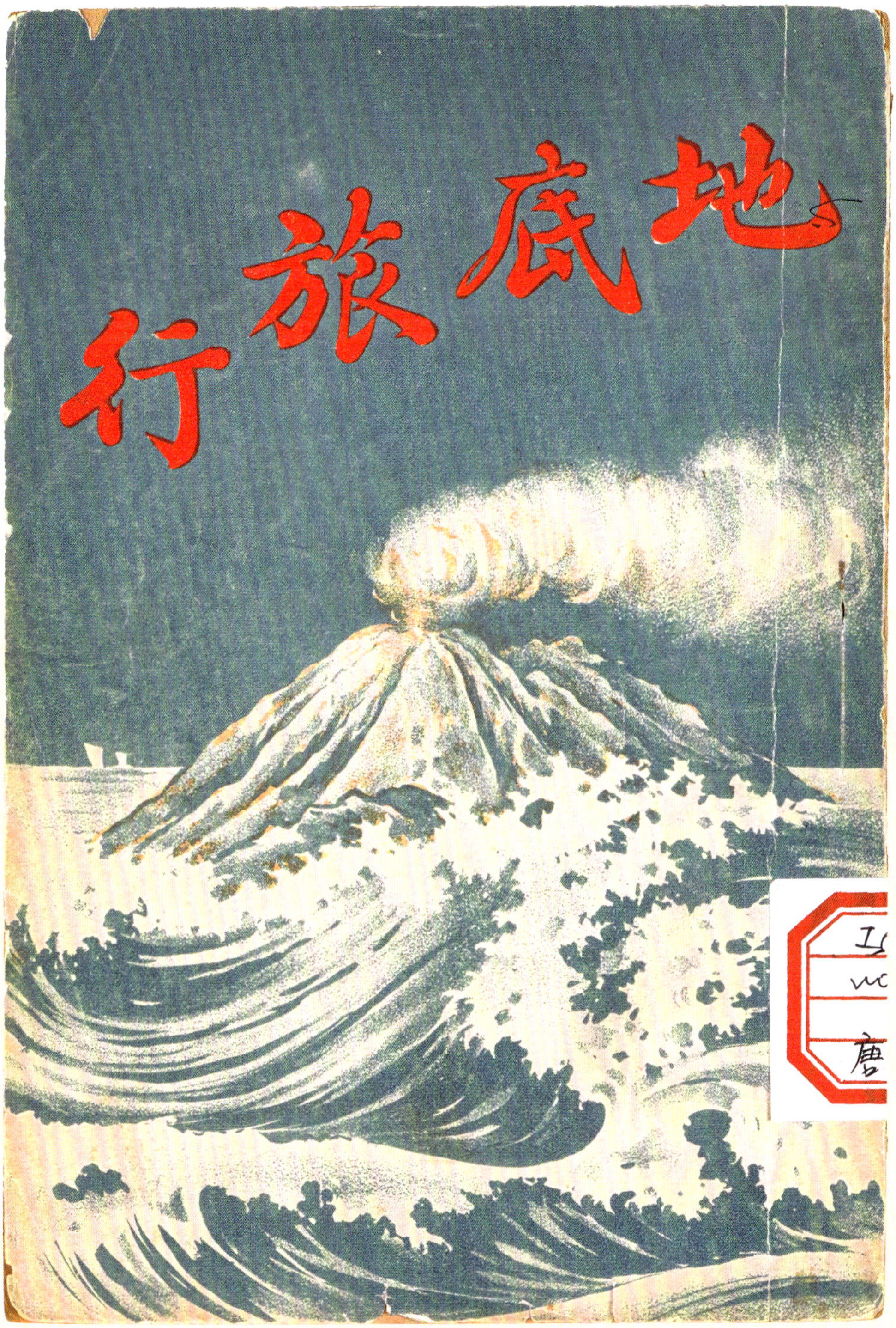
地底旅行

No. 5

周氏兄弟纂译《域外小说集》（第一册）

年代 1909年2月

尺寸 19cm×13.4cm

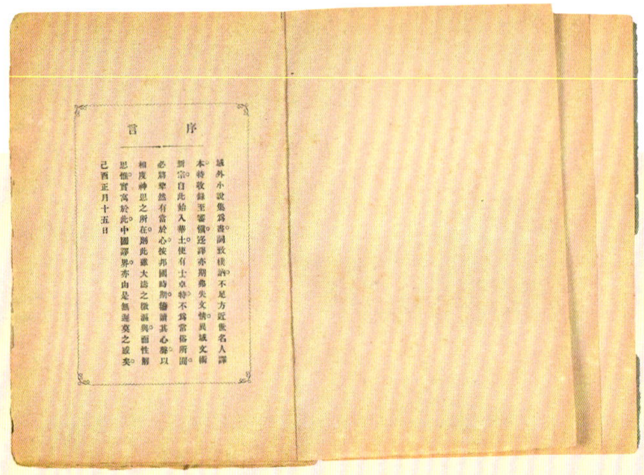

藏品简介

（波兰）显克微支等著，1909年2月鲁迅和其弟周作人合作纂译，在东京印刷出版，初版毛边本。此书封面为青灰色，上端印希腊缪斯女神眺望东方，凝视半轮朝阳之图案，极其优美。书名横排右起，作篆文『或外小说人』。此书的出版无论是对于鲁迅的文学事业还是中国新文学运动来说，都极为重要。据鲁迅回忆，《域外小说集》第一册在东京只卖出20册，在上海也不过20册上下，后来停版，寄售仓库不幸着火，故此书存世极少，几乎成了新文学中的『罕见书』。此本原为唐弢珍藏，书内钤『唐弢藏书』印，其夫人沈絜云于2000年捐赠给中国现代文学馆。

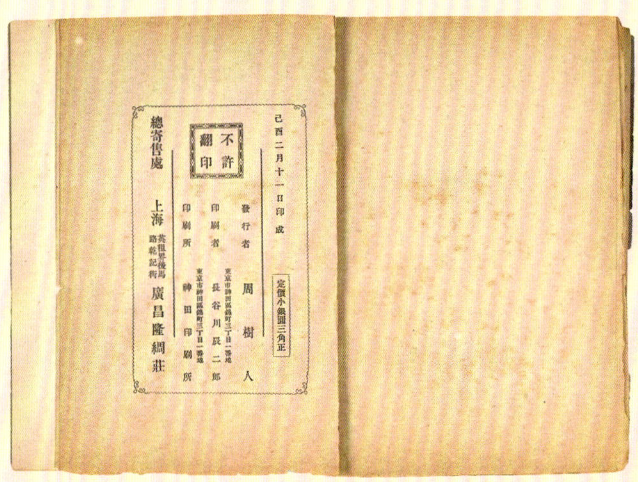

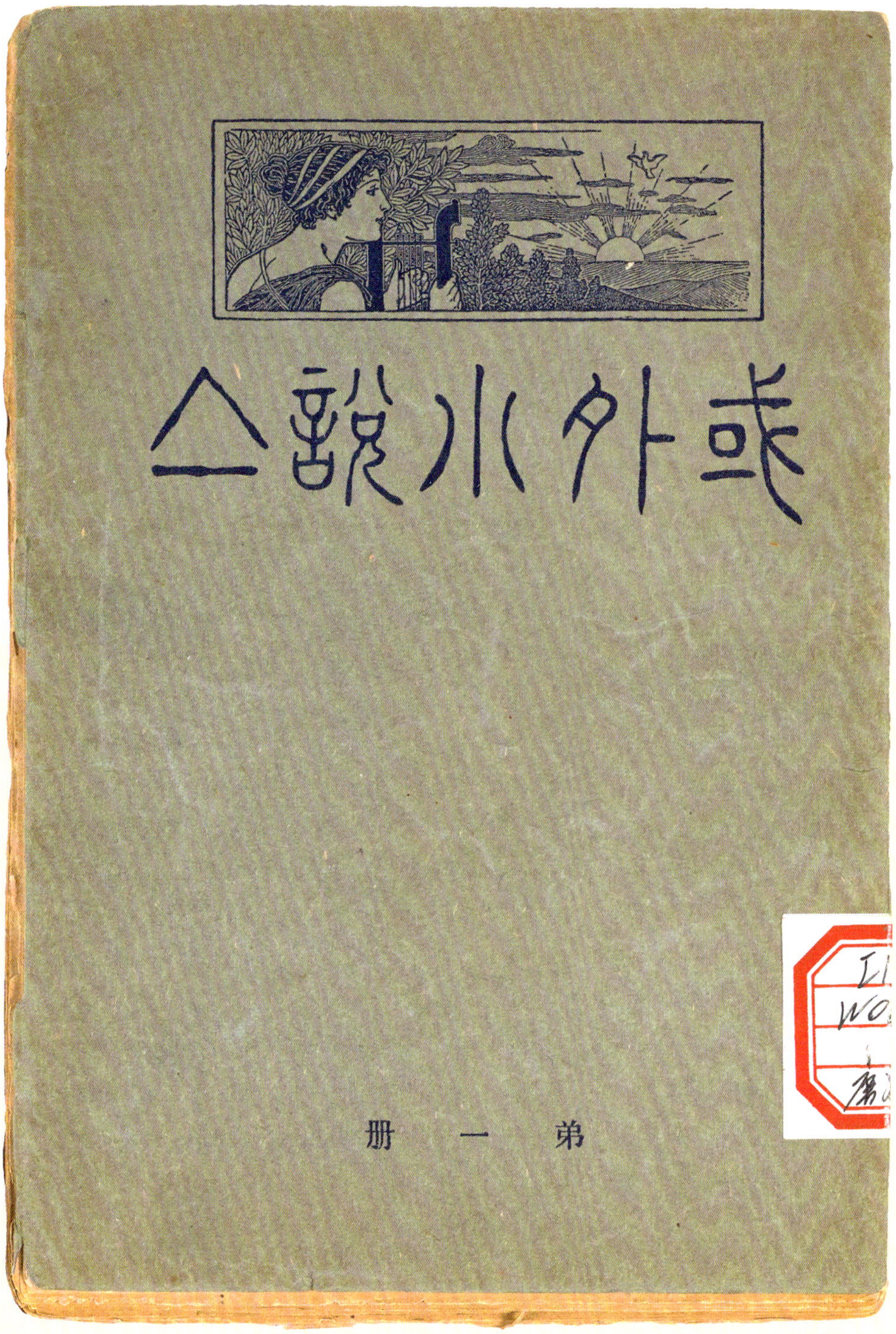

馆藏一级书刊

No. 6

周氏兄弟纂译《域外小说集》（第二册）

年代　1909年6月

尺寸　19cm×13.4cm

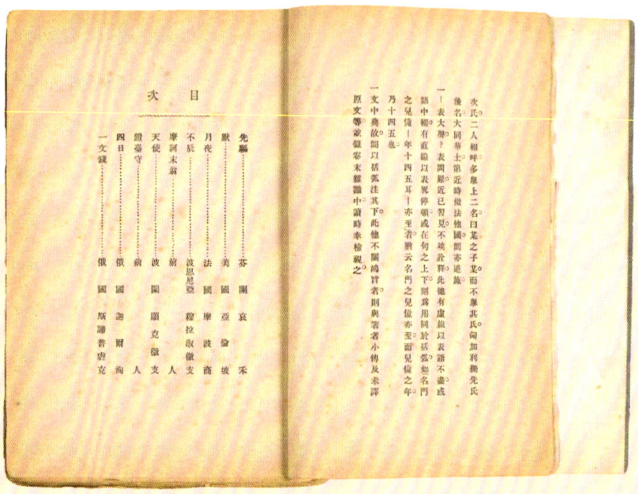

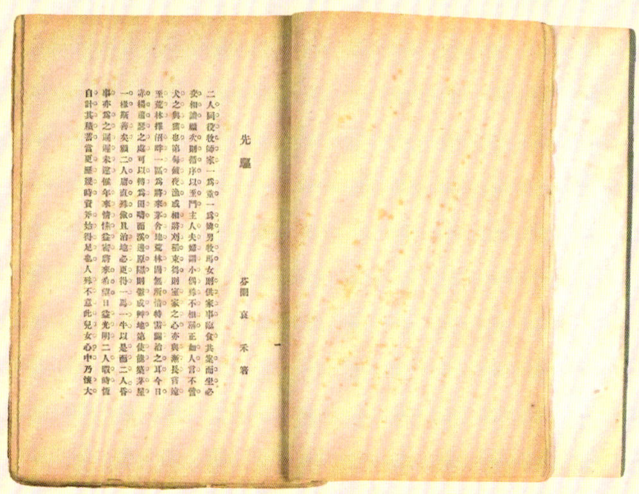

藏品简介

（波兰）显克微支等著，1909年6月鲁迅和其弟周作人合作纂译，在东京印刷出版，初版毛边本。此书的出版无论是对于鲁迅的文学事业还是中国新文学运动来说，都极其珍贵。据鲁迅回忆，《域外小说集》第二册在东京只卖出20册，在上海也不过20册上下，后来停版，寄售仓库不幸着火，故此书存世极少，几乎成了新文学中的『罕见书』。此本原为唐弢珍藏，书内钤『唐弢藏书』印，其夫人沈絮云于2000年捐赠给中国现代文学馆。

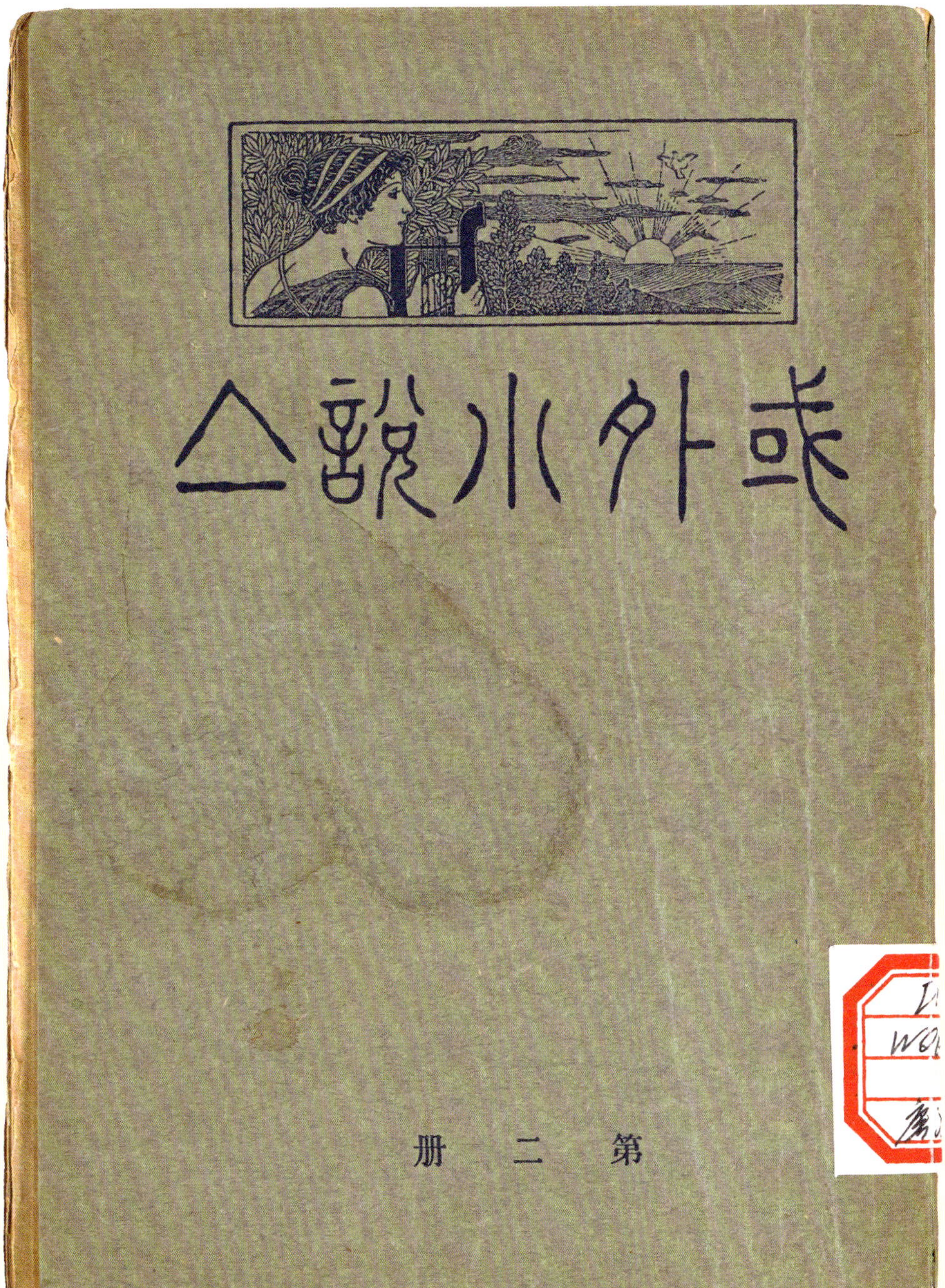
域外小說集
第二册

No. 7

会稽周氏出版重校本《会稽郡故书杂集》

年代　1916年3月

尺寸　27cm×15.3cm

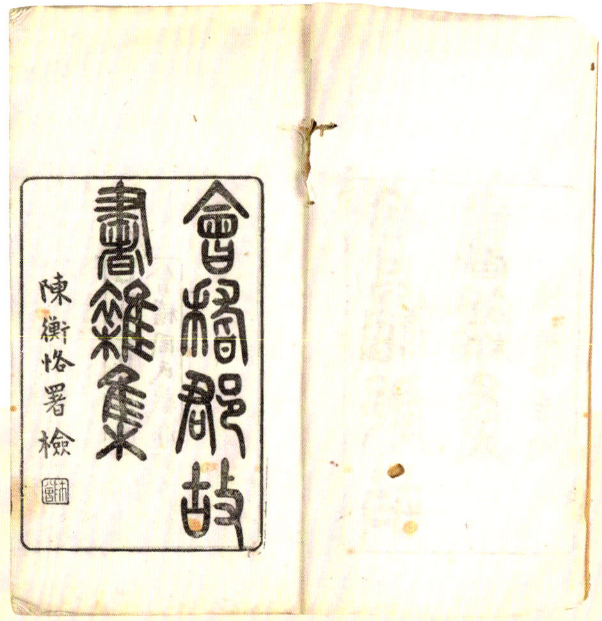

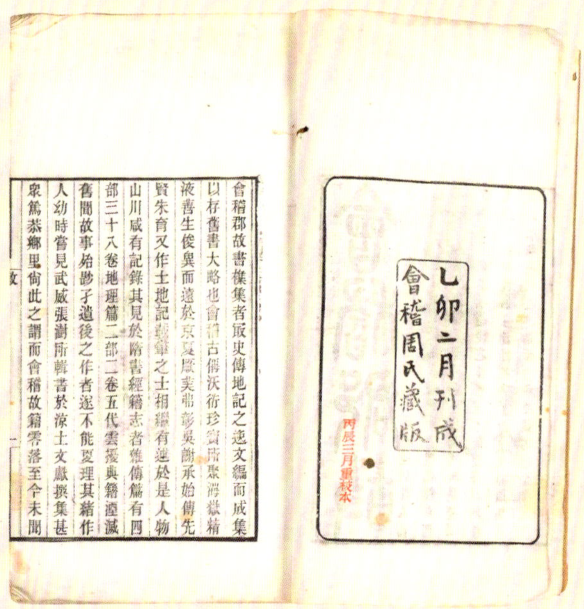
會稽郡故書襍集者冣史傳地記之逸文編而成集
以存舊書大略也會稽古偁沃衍珍寶所聚海嶽精
液善生俊異而遠於京夏厥美弗彰吳謝承始傳先
賢朱育又作土地記載筆之士相繼有述於是人物
山川咸有記錄其見於隋書經籍志者襍傳篇有四
部三十八卷地理篇二部二卷五代雲擾典籍湮滅
舊聞故事殆尟孑遺後之作者遂不能更理其緒作
人幼時嘗見武威張澍所輯書於涼土文獻撰集甚
衆篤恭鄉里尚此之謂而會稽故籍零落至今未聞

藏品简介

会稽周氏藏版，1916年3月重校本，线装，9行20字，序言末有『周作』印。此书虽署名周作人，实为鲁迅一手纂辑，因而也是鲁迅辑校古籍中份量最重的数种之一。《会稽郡故书杂集》主要记载了古代会稽的人物事迹、山川地理、名胜传说等，所录文章大都辑自唐宋类书及其他古籍，具有重要史料价值。此书初印量少，且刻板因鲁迅处理家中杂物不幸烧毁而无法重印，使得现存本极为珍贵稀缺。此本原为唐弢珍藏，扉页钤『唐弢之印』。其夫人沈絜云于2000年捐赠给中国现代文学馆。

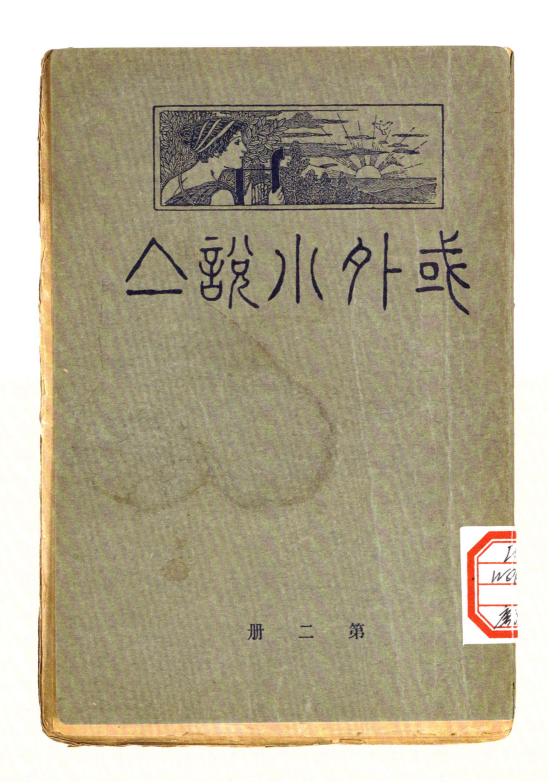

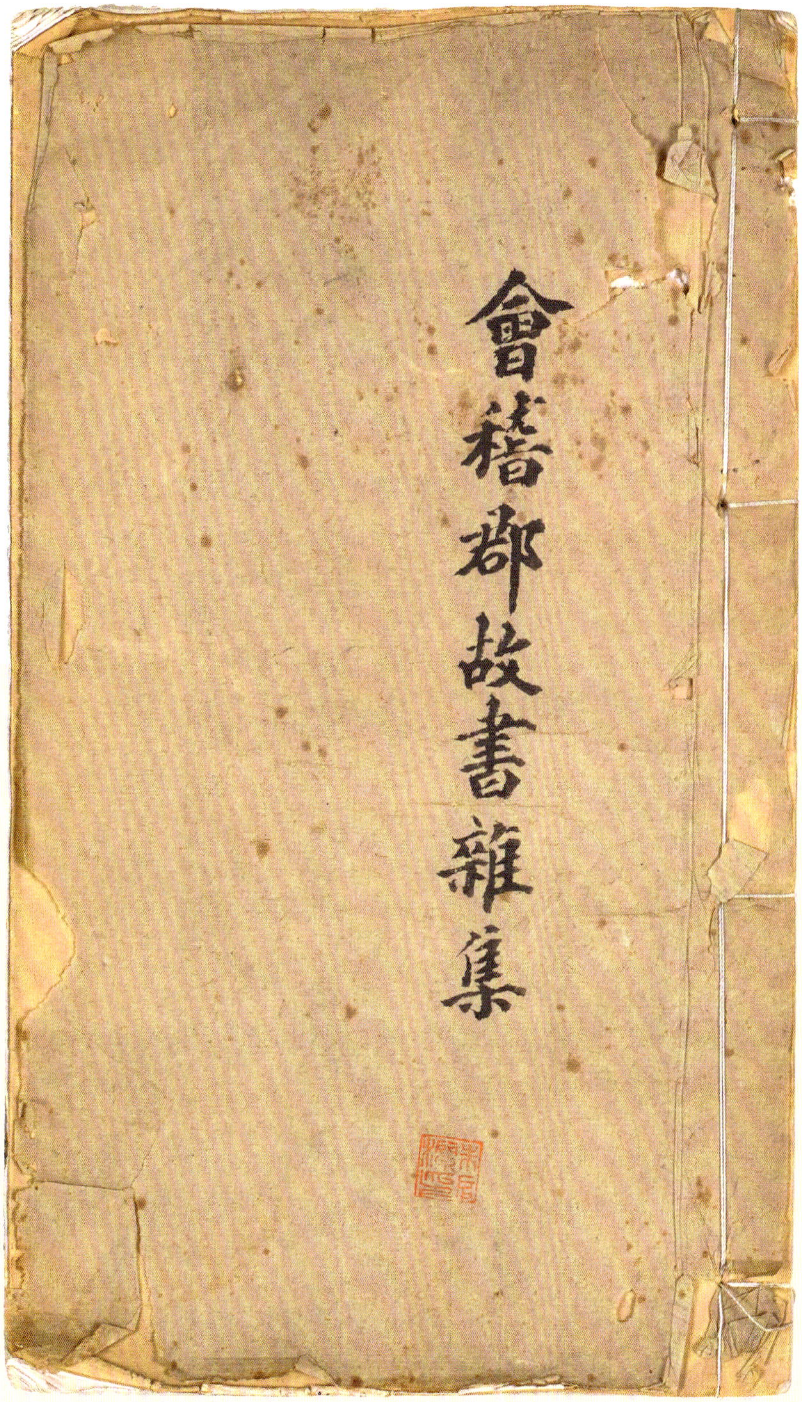
會稽郡故書雜集

No. 8

泰东图书局出版 郭沫若著《女神》

年代 1921年8月

尺寸 18cm×13.2cm

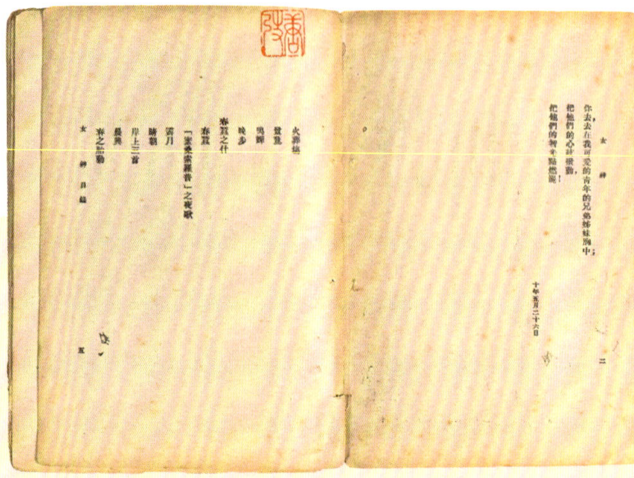

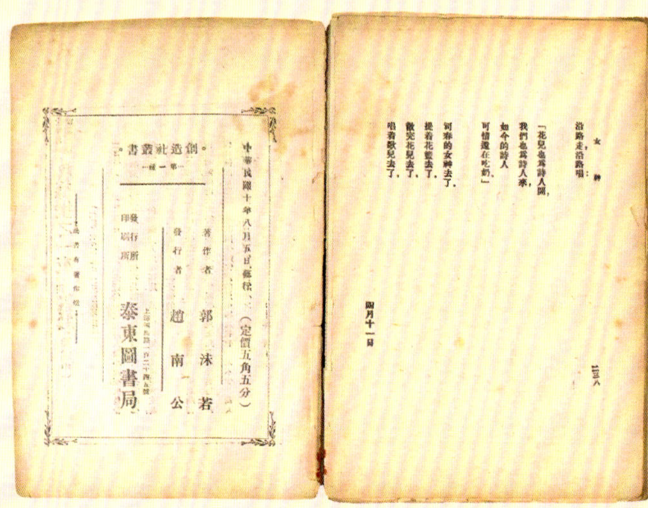

藏品简介

郭沫若著，1921年8月泰东图书局出版，初版毛边本，是郭沫若第一本诗集，收入其1919年至1921年间的主要诗作，连同序诗共57篇。这本诗集诞生于中国革命和世界无产阶级革命高涨的时代，它突破了旧格律诗的束缚，创造了雄浑奔放的自由体诗，为『五四』以后自由诗的发展开拓了新天地，成为中国新诗的奠基之作，具有重要的文学史价值。此本是极为罕见的初版本，《女神》后经多次修改，但艺术成就都不如初版。此本原为唐弢珍藏，书内钤『唐弢』印，其夫人沈絜云于2000年捐赠给中国现代文学馆。

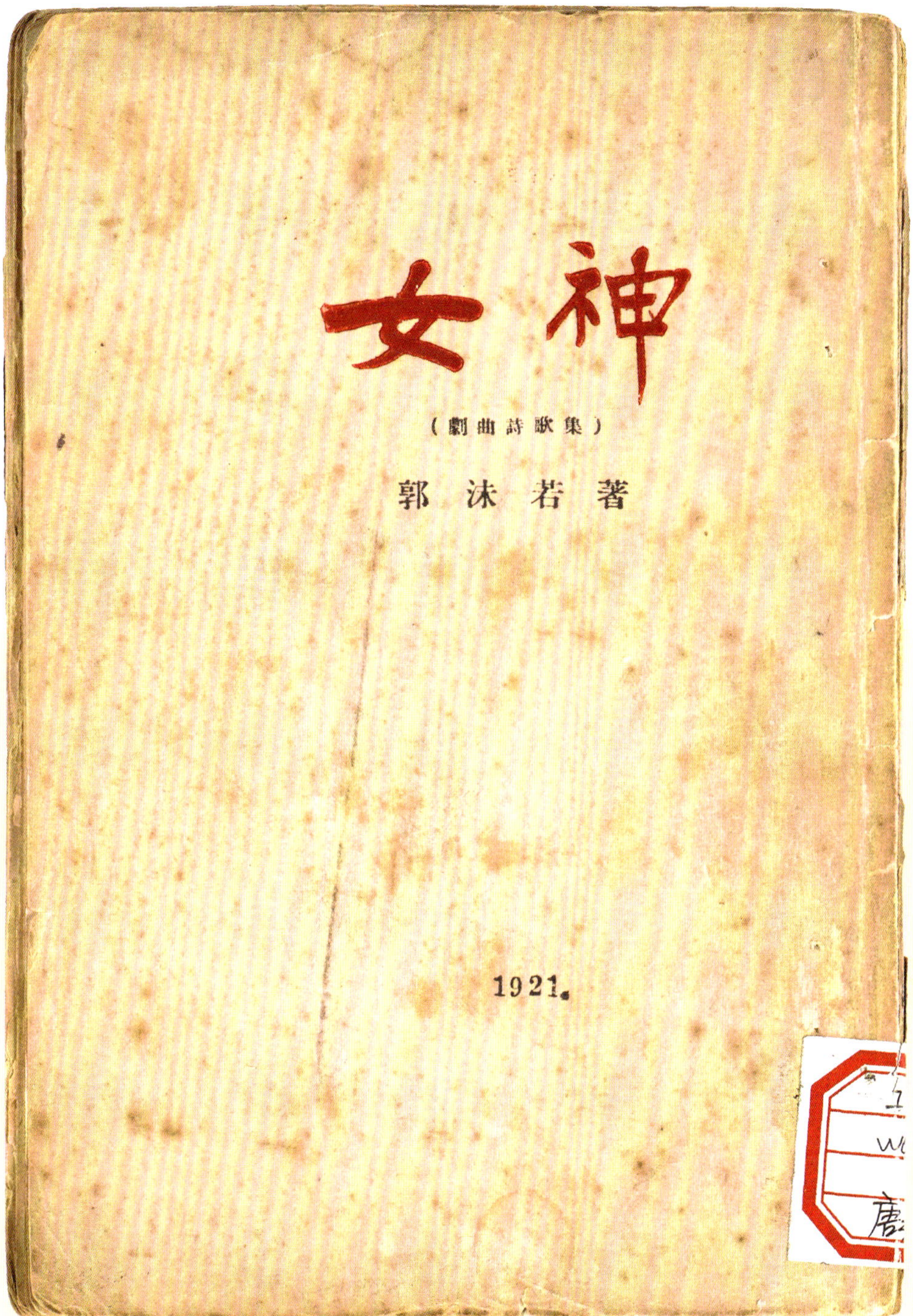
女神
（劇曲詩歌集）
郭沫若著
1921。

No. 9

北大新潮社出版川岛著《月夜》

年代　1924年8月

尺寸　22.6cm×11.3cm

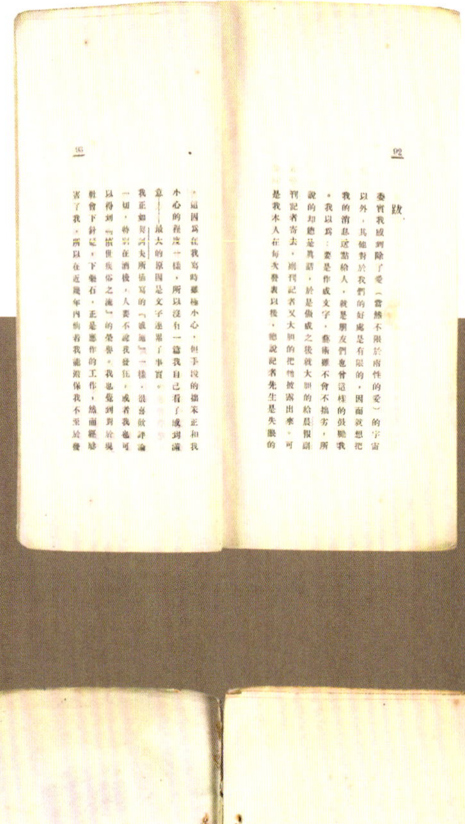

92

跋

委實我感到除了愛（當然不限於兩性的愛）的宇宙以外，其他對於我們的好處是有限的，因而就想把我的消息這點給人，就是朋友們也曾這樣的鼓勵我。我以爲：要是作成文字，藝術雖不會不拙劣，所說的却總是眞話，於是做成之後就大胆的給晨報副刊記者寄去，副刊記者又大胆的把牠披露出來。可是我本人在每次發表以後，總說記者先生是失眼的

93

。這因爲在我寫時雖極小心，但手段的拙笨正和我小心的程度一樣，所以沒有一篇我自己看了感到滿意——最大的原因是文字淺累了事實。

我正如契訶夫所描寫的「感施」一樣，很喜歡評論一切，特別在酒後，人要不識我發狂，或者我也可以得到「憤世疾俗之流」的榮譽。我也覺到對於現社會下針砭，下藥石，正是應作的工作，然而經驗害了我，所以在近幾年內悔着我謹遵保我不至於發

藏品简介

川岛著，1924年8月北大新潮社出版，初版本。川岛，原名章廷谦，字矛尘，浙江上虞人，是我国现代著名散文家，曾参与创办《语丝》周刊，在文学论战中旗帜鲜明地站在鲁迅一边，成为鲁迅的挚友和忘年交。《月夜》是其著名散文集，虽多次出版，但初版本极为少见，其版式狭长，十分独特，新文艺书籍中向来无此种版式，唐弢更是在《晦庵书话》中称其『堪称孤本』。此本为唐弢从书商手中以双倍价格购之，书内钤『唐弢藏书』印。其夫人沈絜云于2000年捐赠给中国现代文学馆。

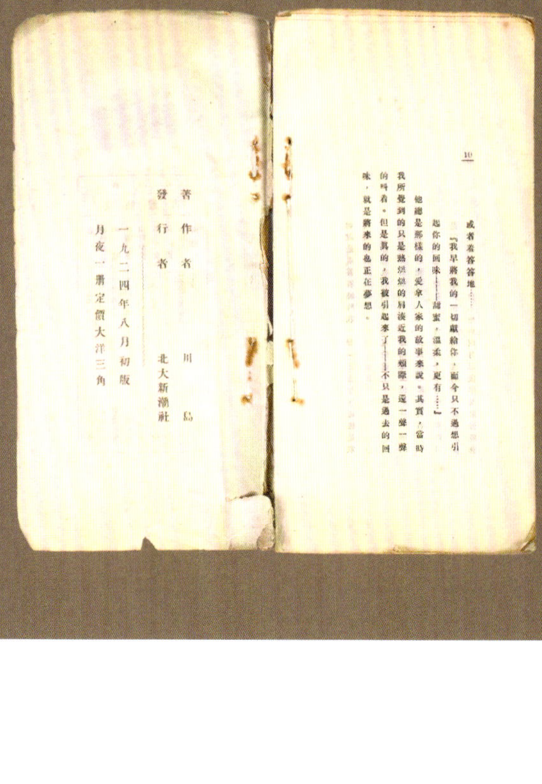

10

或者羞答答地……

『我早將我的一切獻給你，而今只不過想引起你的回味——甜蜜，溫柔，更有……』

他總是那樣的，愛拿人家的故事來說。其實，當時我所覺到的只是熱烘烘的肩湊近我的頰際，還一聲一聲的叫着。但是眞的，我被引起來了——不只是過去的回味，就是將來的也正在夢想。

著作者　川島

發行者　北大新潮社

一九二四年八月初版

月夜一册定價大洋三角

月夜

No. 10

文艺书局出版 钱杏邨著《安特列夫评传》

年代 1931年2月

尺寸 18.6cm×13cm

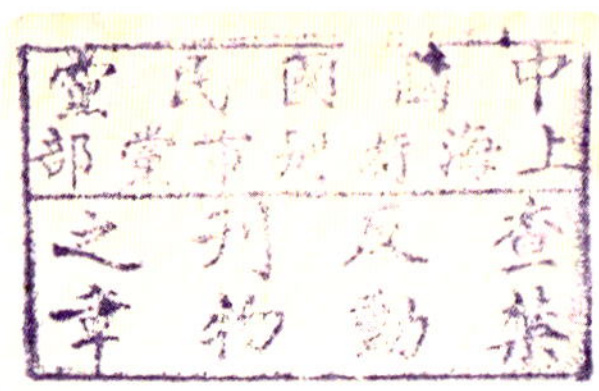

藏品简介

钱杏邨（阿英）著，1931年2月文艺书局出版，初版本，扉页钤『唐弢藏书』印。该书着重介绍了俄国著名作家安特列夫的生平、思想和作品。扉页有一枚青莲色图章『中国国民党上海特别市党部查禁反动刊物之章』。此印章反映了在白色恐怖的笼罩下，国民党禁止出版进步书刊，破坏进步文化团体，疯狂迫害进步文化工作者的行径以及对中国共产党的文化围剿，也从侧面反映了当时进步文化与反动势力之间的激烈斗争，对于研究中国现代文化史和政治史都具有重要的价值。此本原为唐弢珍藏，其夫人沈絜云于2000年捐赠给中国现代文学馆。

俄羅斯作家評傳之一
安特列夫評傳
錢杏邨著

No. 11

鲁迅西谛合编《北平笺谱》

年代 1933年12月

尺寸 32.5cm×21.7cm

藏品简介

鲁迅、西谛（郑振铎）合编，1933年12月出版，线装，蓝面白签。全书共收由北平荣宝斋、清秘阁等9家藏版者提供的人物、山水、鸟兽、花果、博古、造像等笺纸332幅。笺谱选图精美、制作精良，集结了中国传统笺纸之精髓，艺术价值极高。出版时仅印100部，每部6册，极为珍贵，此部为第94部。书中钤『巴金』『巴金藏书』印，版权页上有鲁迅和西谛亲笔签名。巴金晚年倡议建立中国现代文学馆，在文学馆筹备期间，他将自己大量珍贵手稿和图书捐赠给中国现代文学馆作为第一批馆藏资料，其中就包含这套《北平笺谱》。

北平箋譜

魯迅西諦编

尹默

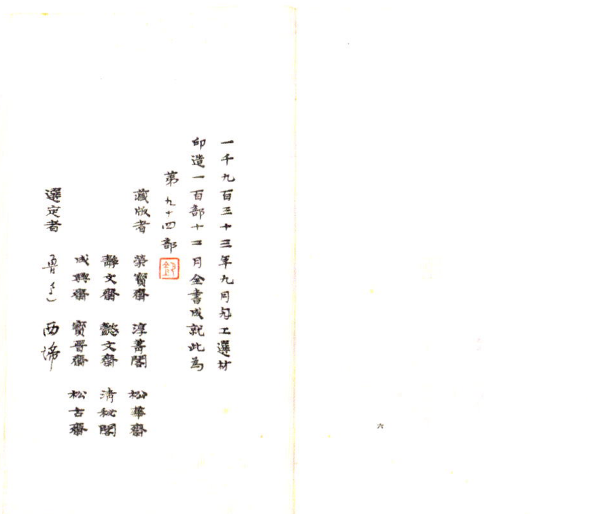
一千九百三十三年九月始工選材

印造一百部十二月全書成就此為

第九十四部

藏版者 榮寶齋 淳菁閣 松華齋

靜文齋 懿文齋 清秘閣

成興齋 寶晉齋 松古齋

選定者 魯迅 西諦

No. 12

《热风》（创刊号、终刊号）

年代　1937年1至3月

尺寸　26cm×18.9cm

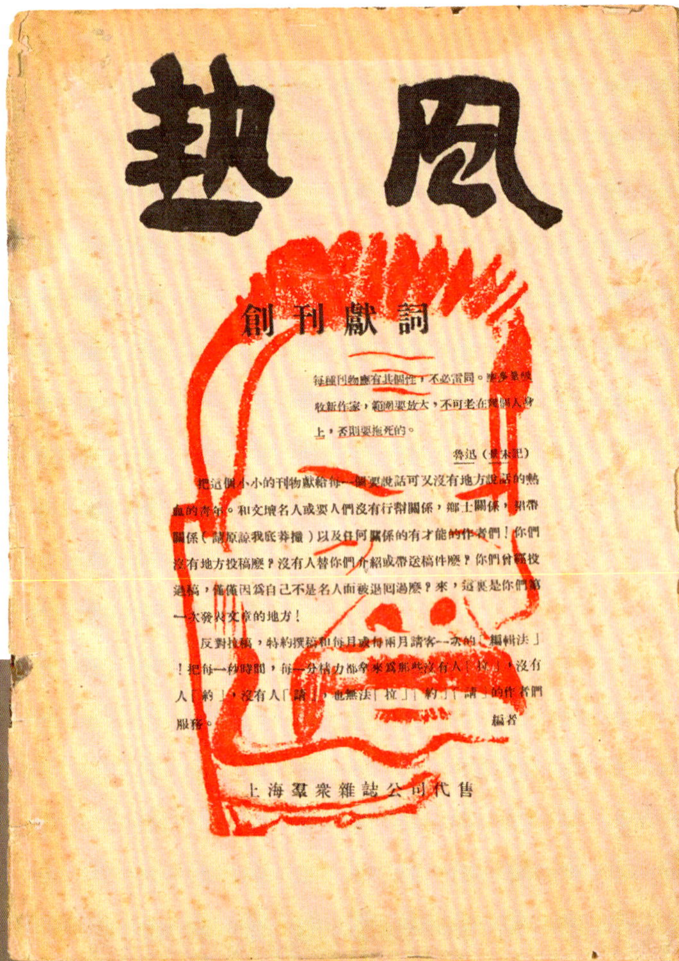
熱風

創刊獻詞

每種刊物應有其個性，不必雷同。要多吸收新作家，範圍要放大，不可老在幾個人身上，否則要拖死的。

魯迅（蕭軍記）

把這個小小的刊物獻給每一個要說話可又沒有地方說話的熱血的青年。和文壇名人或要人們沒有行幫關係，鄉土關係，裙帶關係（請原諒我底莽撞）以及任何關係的有才能的作者們！你們沒有地方投稿麼？沒有人替你們介紹或帶送稿件麼？你們曾經投過稿，僅僅因為自己不是名人而被退回過麼？來，這裏是你們第一次發表文章的地方！

反對拉稿，特約撰稿和每月或每兩月請客一次的「編輯法」！把每一秒時間，每一分精力都拿來為那些沒有人「拉」，沒有人「約」，沒有人「請」，也無法「拉」「約」「請」的作者們服務。

編者

上海羣衆雜誌公司代售

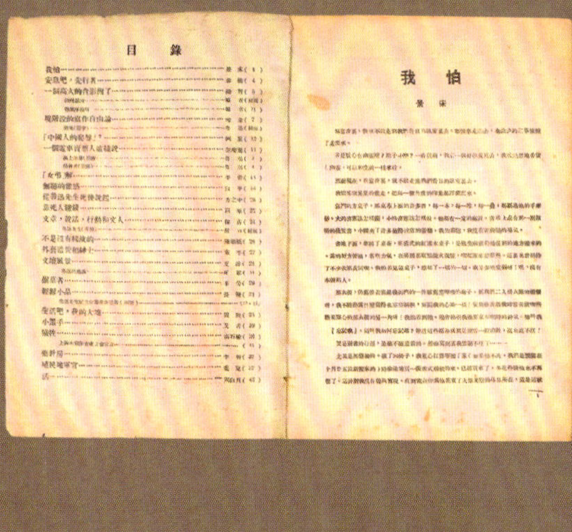

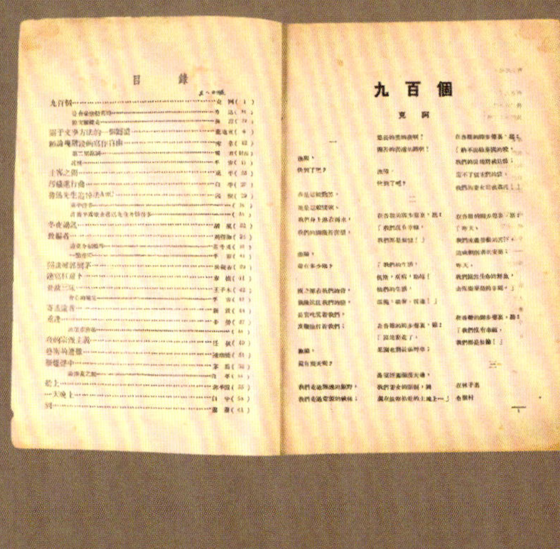

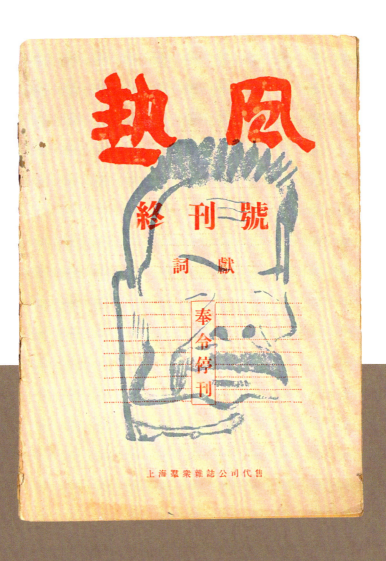

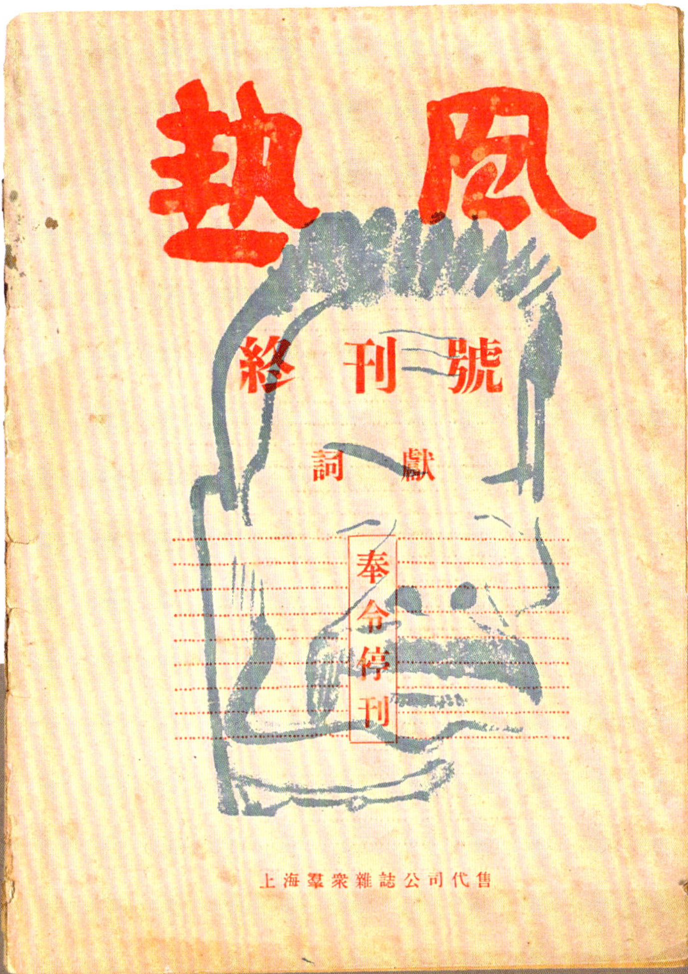

藏品简介

本刊1937年1至3月由《热风》月刊社编辑出版，刊名取自鲁迅杂文集《热风》，以为纪念鲁迅逝世而出。《热风》发行伊始，就立即遭禁，这本刊物不得已在第2期就终止发行，其极为短暂的生命，不仅反映出当时反动派的恶行，也折射出当时革命文学发展的严峻形势。此刊在出版遭禁后，被大量销毁，存世极少。此本原为唐弢珍藏，其夫人沈絜云于2000年捐赠给中国现代文学馆。

中国现代文学馆藏珍贵文物图录

Album of Cultural Relics in National Museum of Modern Chinese Literature

第四部分

馆藏珍贵实物

No. 1

唐弢书房两用椅

年代　近现代
尺寸　39cm × 36cm × 98cm
质地　榉木

藏品简介

此椅是著名藏书家唐弢常用的书房家具，榉木椅架，骨木镶嵌椅背，总体呈西洋风格。书椅设计巧妙，它既是一把座椅，也可翻转变形成梯架。唐弢坐着这把椅子创作时，如需取高处书，便把它翻转成梯子。这把书椅常置唐弢书房中，2000年唐弢夫人沈絮云将其捐赠给中国现代文学馆。2023年文学馆对唐弢书椅进行3D等比例缩小复原，设计成『唐弢青年文学研究奖』奖杯，取『学问当坐冷板凳，研究甘作他人梯』之意，期望广大青年学者能够以书为伴，以做学问为志向，以老一辈学者为榜样，在学术研究上不断精进、勇攀高峰。

No. 2

朱自清衣箱

年代　20世纪30年代
尺寸　46cm × 23cm × 78cm
质地　牛皮

藏品简介

1997年12月24日，朱自清之子朱乔森将朱自清的珍贵衣箱捐赠给中国现代文学馆。这只西方制式衣箱选料上乘、做工精良，应为朱自清1931年至1932年留学欧洲期间购买。衣箱上面有墨书『朱自清衣箱到北平清华园』『#88』，朱漆『最急25公斤』等字样，应为朱自清1946年从昆明西南联大复员回北平时，邮寄行李所书。衣箱左下侧面有『青岛』等字样行李单残迹。作为朱自清为数不多的存世遗物，这件衣箱虽历经90余年风雨，在战火岁月中伴随朱自清辗转多地，但保存状况依然良好，衣箱上的种种痕迹，都书写着他的文人风骨、英雄气概，以及不平凡的人生足迹。

子夜

一

太阳刚刚下了地平线。软风一阵一阵地吹上人面，怪痒痒的。苏州河的浊水幻成了金绿色，轻轻地，悄悄地，向西流去。黄浦的夕潮不知怎的已经涨上了，现在沿这苏州河两岸的各色船只都浮得高高地，舱面比码头还高了约莫半尺。风吹来外滩公园里的音乐，却只有那炒豆似的铜鼓声最分明，也最叫人兴奋。暮霭挟着薄雾笼罩了外白渡桥的高耸的钢架，电车驶过时，这钢架下横空架挂的电车线时时爆发出几朵碧绿的火花。从桥上向东望，可以看见浦东的洋栈像巨大的怪兽，蹲在暝色中，闪着千百只小眼睛似的灯火。向西望，叫人猛一惊的，是高高地装在一所洋房顶上而且异常庞大的霓虹电管广告，射出火一样的赤光和青燐似的绿焰：

这时候——这天堂般五月的傍晚，有三辆一九三〇年式的雪铁笼汽车像闪电一般驶过了外白渡桥，向西转弯，一直沿北苏州路去了。

过了北河南路口的上海总商会以西的一段，俗名叫做"铁马路"，是行驶内河的小火轮的汇集处。那三辆汽车到这里就减低了速率。第一辆车的汽车夫轻声地对坐在他旁边的穿一身黑拷绸衣裤的彪形大汉说：